教育部人文社会科学研究青年基金项目"数字化转型背景下的我国出版产业政策内容与绩效研究"（项目编号：14YJCZH219）

# 数字化转型背景下
# 中国出版产业政策研究

赵礼寿 著

中国社会科学出版社

**图书在版编目(CIP)数据**

数字化转型背景下中国出版产业政策研究/赵礼寿著.—北京:中国社会科学出版社,2022.3

ISBN 978 - 7 - 5203 - 9821 - 3

Ⅰ.①数…　Ⅱ.①赵…　Ⅲ.①出版业—产业政策—研究—中国—2003 - 2017　Ⅳ.①G239.20

中国版本图书馆 CIP 数据核字(2022)第 035213 号

| | |
|---|---|
| 出 版 人 | 赵剑英 |
| 责任编辑 | 田　文 |
| 责任校对 | 杨沙沙 |
| 责任印制 | 王　超 |

| | |
|---|---|
| 出　　版 | 中国社会科学出版社 |
| 社　　址 | 北京鼓楼西大街甲 158 号 |
| 邮　　编 | 100720 |
| 网　　址 | http://www.csspw.cn |
| 发 行 部 | 010 - 84083685 |
| 门 市 部 | 010 - 84029450 |
| 经　　销 | 新华书店及其他书店 |

| | |
|---|---|
| 印刷装订 | 北京君升印刷有限公司 |
| 版　　次 | 2022 年 3 月第 1 版 |
| 印　　次 | 2022 年 3 月第 1 次印刷 |

| | |
|---|---|
| 开　　本 | 710 × 1000　1/16 |
| 印　　张 | 13.25 |
| 字　　数 | 201 千字 |
| 定　　价 | 69.00 元 |

# 自　　序

　　博士期间在做科研项目的时候，开始接触到"出版产业政策"相关的研究范畴，后来在导师的鼓励下对我国的出版产业政策进行了系统研究，最终形成了自己的博士论文，这也成为本书研究的理论基础。工作后，感觉到互联网技术对各行各业带来的深远影响，出版产业也概莫能外，于是以"数字化转型背景下的我国出版产业政策内容与绩效研究"为题目，申请教育部项目获得立项，为本书的研究提供了资金来源。前期的研究基础与项目资助为本书的研究打下了坚实的基础。

　　随着我国数字技术在产业过程中的全面应用，我国数字经济飞速发展，一系列数字技术及应用的发展加速了数字经济在整体国民经济渗透的广度和深度，网络宽带化、物联网、云计算、大数据等数字技术成为信息技术新时代的重要特征，为互联网从面向消费到面向产业发展奠定了基础。2003年后，数字技术对出版产业的影响日益增长，国家也出台了多种出版产业政策开始鼓励新技术的应用，以此来促进我国出版产业的转型升级，所以本书选取2003—2017年作为本书研究的主要时间段。

　　具体来说，2003—2017年的数字化转型背景下的出版产业政策包括发展政策、结构政策和组织政策。此阶段的出版产业发展政策分成技术政策、布局政策、外贸政策、金融政策和可持续发展政策。从内容上看，产业技术政策包括促进数字技术软硬件的升级换代、推进数字技术标准的建设和实施重大数字出版项目；产业布局政策包括积极支持以基础条件发展良好地区带动产业数字化升级、鼓励落后地区发展数字出版和支持品牌数字产品和企业走出去；产业外贸政策的核心内容就是"走出去"战略；产业财政与金融政策主要内容是加大政府对出版产业数字化转型升级的资金投入与金融扶持，促进数字出版企业发展；产业可持续发展的内容主要是鼓励绿色环保的产业发展模式，同时积极培育出版产业数字化转型的各种人才。

此阶段出版产业结构政策分为数字出版内容政策和数字出版形式政策：数字出版内容政策主要包括创新数字出版的内容生产、积极建设数字出版内容传播渠道、实施重大数字出版工程和积极实施数字出版内容管理；数字出版形式政策主要包括传统出版产品形式的数字化、发展出版产品的网络新形态。

此阶段的出版产业组织政策主要包括两个方面的内容：一是从宏观上对产业进行管理，提出公共规制政策，促进产业数字化转型升级，具体内容包括完善出版产业的管理机制、构建现代出版市场体系和完善出版产业法规体系；二是从微观上对企业进行管理，提出企业政策，促进企业数字化转型升级，具体内容包括完善出版企业管理机制、组建大型出版传媒集团和完善非国有出版企业改革措施。

此阶段的出版产业和数字出版产业都保持了增长，政策在其中发挥了积极的作用。未来我国数字化转型背景下出版产业政策的发展是往政策性质明确、政策内容充实和政策过程科学的方向发展。具体来说，在政策性质方面，出版产业数字化转型应该体现社会效益为首位，鼓励用数字化的技术方式来实现出版产业的社会效益和经济效益的统一；政策内容方面，出版产业政策应该使产业发展政策、产业结构政策、产业组织政策进一步完善，为出版产业的数字化转型提供支持；政策过程方面，出版产业政策需要有个完善的过程，应该形成一个科学的政策制定体系。

以上是关于整体图书的内容介绍，当然研究之中还存在着很多不足之处，特别是对于科学的、精确的政策评价模式的建构，是下一步研究中需要努力突破的地方。本书的研究是在走上工作岗位之后进行的，其中困难重重，特别感谢家庭的支持，感谢父母妻儿，在我事业低落之时，给予我坚定的支持；也感谢亲朋好友，在我遭遇困难之际，及时伸出了援手。

再次致谢！

赵礼寿 于钱塘江畔

2021 年 1 月 2 日

# 目　　录

# 第一章　引言

## 第一节　研究意义

2017 年 7 月，中华人民共和国国家新闻出版广电总局发布了"2016 年新闻出版产业分析报告"，报告中显示：我国数字出版继续保持高速增长，对全行业营业收入增长贡献超 2/3，数字出版实现营业收入 5720.9 亿元，较 2015 年增加 1317.0 亿元，增长 29.9%，占全行业营业收入的 24.2%，提高了 3.9%；对全行业营业收入增长贡献率达 67.9%，提高了 7.7%，增长速度与增长贡献在新闻出版各产业类别中继续位居第一，已成为拉动产业增长"三驾马车"之首。其中网络动漫产业的营业收入增长 250.7%，在线教育营业收入增长 39.4%，势头迅猛，增长速度在数字出版所属各类别中名列前茅。[①]

通过不断的发展，近年来我国的数字出版产业保持了高速增长，已经成为出版产业发展的主要力量。虽然我国的数字出版产业发展迅速，但是其影响力相对于世界其他发达国家的出版产业来说是不够的。比如贝塔斯曼公司在 2016 年的数字产业的营业收入达到了 74 亿欧元，增长率为 44%，其一家公司的营业收入相当于我国数字出版产业总产值的 1/10，增长率是我国数字出版产业的 1.8 倍，因此我国数字出版产业的潜力还有待进一步挖掘。[②] 由于我国的数字出版产业的世界影响力与我

---

[①] 中国新闻出版广电网（http://www.chinaxwcb.com/2017 - 07/25/content_ 358661. htm）。

[②] 《贝塔斯曼中国》，消息窗（http://www.bertelsmann.com.cn/index.php/index/news_ detail/rdid/688）。

国在世界上的经济、政治影响力是不相适应的，所以发展数字出版产业受到了我国党和政府的高度重视。

我国的出版产业在数字化背景下要进行可持续性的发展，政府在其中的作用是不可忽视的，而政府管理出版产业的主要方式是通过出版产业政策来进行的。自我国的数字技术发展以来，我国出版行政管理部门出台了众多的出版产业政策，对我国出版产业整体数字化转型产生了积极的影响，而在如此繁芜的政策中，是否有其内在的逻辑规律可循？这个问题是值得研究的，因为只有清楚了我国出版产业政策体系的形成逻辑，才能为当前的从而为我国未来在数字化转型背景下出版产业政策制定提供坚实的理论依据和科学经验，从而更好地促进我国出版产业政策的发展。

反观出版学界，对于我国数字化转型背景下出版产业政策的系统研究却略显不足，特别是着眼于宏观层面的系统性研究明显不足。目前有关出版产业政策的研究重点都在于微观层面，着眼于某一项数字出版业政策的具体分析，未能在宏观的角度上建立起较为完备的出版产业政策研究体系，这和目前我国出版产业的发展要求是不相符的。在这样的背景下，笔者认为有必要对数字化转型背景下出版产业政策内容与绩效进行系统研究，找出内在的规律，为我国出版产业的数字化转型提供智力支持。

## 第二节　研究范围以及研究的主要内容

本研究的主要对象是数字化转型背景下的我国出版产业政策，时间范畴为 2003—2017 年。[①] 研究的主要内容是在产业经济学、制度经济学和政策学等相关经济学理论、管理学理论的基础上，结合国内外文献中有关出版产业政策的相关理论与实践，分析数字化转型背景下我国的

---

① 时间区间的选取有两个意义：一是 2003 年是我国经济体制改革的重要起点，在文中有详细论述；二是数字化技术在出版产业应用的大致时间起点。

出版产业政策。

具体来看，本书主要包括如下两个方面的内容：

一是出版产业政策体系的基础理论研究。这部分主要是本研究的理论基础，为后续的研究提供理论支持。主要内容是将产业经济学和政策学的相关基础理论结合起来，考虑出版产业的自身特点，从而形成出版产业政策体系的基础理论。具体的内容是从两个方面来阐释的：一是从微观的角度，将出版产业政策体系的基本内涵解释清楚，其中包括出版产业政策定义的界定、出版产业政策的作用、出版产业政策的制定与实施过程等方面；二是从宏观角度来解析出版产业政策体系的构成，具体包括出版产业发展政策、出版产业组织政策、出版产业结构政策。

二是数字化转型背景下的我国出版产业政策的内容和评价。在出版产业政策体系的基础理论下，对2003—2017年数字化转型背景下的我国整体的出版产业政策内容做深入解析，重点关注出版产业数字化升级转型的政策内容，然后建立合理的指标体系对其进行评价。具体内容包括将此阶段的出版产业政策按照一定的标准划分为出版产业发展政策、结构政策和组织政策，分析产业政策内容，并建立科学的评价体系对其进行评价，总结出2003—2017年数字化转型背景下的我国出版产业政策发展的经验与不足之处，从而为党和政府在今后的出版产业政策制定与实施过程中提供相应的借鉴。

## 第三节　研究方法及创新点

本书采用的方法主要有实证分析方法与规范分析方法、动态分析方法与静态分析方法、统计分析方法。实证分析方法是对2003—2017年我国出版产业政策体系的形成原因、发展特点进行解析；规范分析方法主要是在对2003—2017年数字化转型背景下的我国出版产业政策进行实证分析的基础上，提出为促进我国出版产业的数字化转型，未来出版产业政策的发展方向。动态分析方法就是对2003—2017年数字化转型背景下的我国出版产业政策进行分析，找出各个具体政策之间的相互关系；静态分析方法就是将重点集中在当前的出版产业政策分析上，动静两者结合，为我国未来的出版产业政策制定提供借鉴。统计分析方法主要就是利用统计学的基本原理，建立合理的出版产业政策指标体系，对2003—2017年数字化转型背景下的我国出版产业政策进行量化评价，从而可以更清晰地看出我国出版产业政策对于我国出版产业数字化转型的优势与不足之处。

本书的创新点有两个方面：一是基于产业经济学和制度经济学的基础理论，为出版产业政策体系的研究构建一个理论框架；二是在理论框架的基础上，对2003—2017年数字化转型背景下的我国出版产业政策进行系统分析，总结成功经验，同时通过建立科学的、合理的出版产业政策的评价方法，对2003—2017年数字化转型背景下的我国出版产业政策进行绩效评价，从而能更加客观地了解我国出版产业政策在产业数字化转型方面的运行规律。

## 第四节　文献综述

出版产业政策研究尽管起步很晚，但是在近几年，随着我国政府对"文化产业"和"出版产业"的关注逐渐增加，有关出版产业政策方面的研究文献也日益增多。根据在中国知网、JSOTR等数据库上搜索的文章，结合研究"出版产业政策"的专著，两类文献共同构成本研究综述的文献基础。

根据文献具体的研究内容，将文献分成三个研究方向：一是出版产业政策的基础理论研究，主要涉及出版产业政策的界定、分类、作用等；二是数字化转型背景下出版产业政策体系的内容研究，主要涉及出版产业发展政策、出版产业结构政策和出版产业组织政策等方面的研究；三是数字化转型背景下出版产业政策发展对策研究，主要是在对我国出版产业政策现状的分析上，指明我国政府在未来制定出版产业政的方向。

**一　出版产业政策基础理论研究**

出版产业政策基础理论研究是出版产业政策理论研究的基石，分析具体的内涵对数字化转型背景下出版产业政策的调整有方向指导的作用。在出版产业政策体系的基础理论研究中，主要是围绕出版产业政策的定义、范畴、制定原则、价值取向、类别、作用等方面来进行的。

出版产业政策的定义研究主要是从文化学、产业经济学和法规的角度来进行研究的：文化学则注重出版产业的内容属性；而产业经济学注重出版产业的经济属性；法规的角度则注重出版产业法律与政策之间的联系与区别。文化学角度研究方面，安宇、田广增、沈山以"文化产业"的角度为基础来定义"文化产业政策"，他们认为文化产业是凝结一定程度的知识产权，并传递象征性意义的创造性的文化产品和服务的生产、扩散、聚合体系，范畴包括产业核心层、产业扩散层和产业聚合层，出版产业属于产业扩散层；文化产业政策是从经济学的角度来考察文化产业，将经济学的方法应用于政策分析之中，作用是推动文化产业的发展。① 产业经济学角度研究方面，国际统计信息中心课题组认为各国政府在制定文化产业政策过程中，首要的任务就是对文化产业的定义和统计范畴进行界定，如果文化产业的定义和范畴过于模糊，那么文化产业政策的制定对象就不清晰，政策绩效就会受到影响。在制定文化产业政策时，各国都依据自己的国情对文化产业的定义和统计范畴进行了规定：芬兰统计局主要将文化产业范围限定为与传播文艺作品有关的商业活动；联合国教科文组织将文化产业分成十大类，每类按照资源投入、活动过程和产出等环节，形成文化统计框架矩阵来进行文化产业的统计；加拿大以联合国教科文组织对文化产业的定义和统计分类为基础，针对自己的国情进行了相应的修正，主要凸显文化产业对国内经济、就业、投资

---

① 安宇、田广增、沈山：《国外文化产业：概念界定与产业政策》，《世界经济与政治论坛》2004 年第 6 期。

与消费、国际贸易等方面的影响；澳大利亚从行业、产品和职业的角度来定义和统计文化产业；英国和日本联合研究了文化产业的范畴，认为可以分为文化内容的创作和发源、文化产品的制造、文化内容的复制和传播、文化交流；美国则定义为与艺术创作和传播相关的商业活动。① 法规角度研究方面，黄先蓉从出版产业法律和政策之间的联系与区别的角度对出版产业政策进行了定义，她认为出版政策是政府根据产业发展需要制定的，是对出版活动进行宏观管理的重要手段，而出版法规是由国家立法机关批准制定，调节出版活动的行为规范。②

在文化产业政策的基本属性方面，解学芳认为文化产业政策具有相互的关联性，具体是指文化产业政策涵盖着历时态文化产业政策群和共时态文化产业政策群，也就是说不同时期有不同时期的政策群，同一时期也有不同政策的政策群，这些政策就共同构成了纵向历时态文化产业政策群链条和横向的各个政策组成的共时态文化产业政策群的网络。③

在文化产业政策的制定原则方面，国际统计信息中心课题组在分析国外有关文化产业界定的基础上，认为我国文化产业的界定有三个原则：一是服务文化产业政策的需要；二是以国家标准产业分类和标准产品分类为基础进行统计；三是注意和国际接轨。④ 黄先蓉通过分析出版法规和出版政策的区别与联系，提出了出版政策的制定原则，具体包括效益原则、吸收借鉴原则、政策与法规的分工协调原则。⑤ 钱正武、杨吉华认为在制定文化产业政策时需要遵循的原则有五个方面：一是重视市场调节机制；二是遵循文化产业发展规律；三是要与我国的经济社会发展的实际情况相符合；四是对文化产品进行分类，使之政策细化；五

① 国际统计信息中心课题组：《国外关于文化产业统计的界定》，《中国统计》2004 年第1 期。
② 黄先蓉：《论出版政策与法规的制定原则》，《编辑之友》2003 年第1 期。
③ 解学芳：《我国文化产业政策的关联性偏差及矫正》，《长春市委党校学报》2008 年第6 期。
④ 国际统计信息中心课题组：《国外关于文化产业统计的界定》，《中国统计》2004 年第1 期。
⑤ 黄先蓉：《论出版政策与法规的制定原则》，《编辑之友》2003 年第1 期。

是与国际接轨，其政策要与 WTO 的相关规则相协调。①

在文化产业政策的价值取向方面，胡敏认为文化产业政策的价值取向有公平价值取向、公共利益的价值取向、以人为本的价值取向、顾客导向的价值取向和公共幸福的价值取向。②

在文化产业政策分类方面，沈山认为文化产业政策可以分为四类，即产业型文化政策、旅游型文化政策、装饰型文化政策和民主型文化政策，每种产业政策在生产、消费方面有不同的功能。③

在文化产业政策的作用方面，杨吉华认为文化产业政策在产业发展中处于核心地位，其理由有两个方面：一是政府对文化产业的态度和政策是影响其发展的重要因素；二是文化产业政策是政府管理产业发展的主要手段。其对文化产业发展的具体作用体现在以下五个方面：一是文化产业发展的"加速器"；二是对其产业结构的调整有积极的引导作用；三是对文化市场的竞争秩序有规范作用；四是对文化产业中的弱质行业有保护作用；五是对文化产业的国际竞争力有提升作用。④

对于文化产业政策研究方面，娄孝钦认为我国文化产业政策的理论研究内容主要有三个方面：一是文化产业政策内涵的研究；二是文化产业政策的功能与作用研究；三是我国文化产业政策的历程研究。目前我国在文化产业政策研究方面存在的主要问题是研究方法不足、研究成果少等。⑤ 周斌认为文化产业政策的重要地位和其在国内的研究现状是不相符的，这需要政府加大对科研机构的投入，系统研究文化产业政策体系的构建与创新，从而促进产业的良性发展。⑥

---

① 钱正武、杨吉华：《我国文化产业政策的制定及其实施》，《安徽师范大学学报》（人文社会科学版）2007 年第 1 期。

② 胡敏：《我国文化产业政策价值取向分析与重构研究》，硕士学位论文，安徽大学，2010 年。

③ 沈山：《文化产业的内涵及其政策发展趋势》，《社会科学家》2005 年第 2 期。

④ 杨吉华：《完善我国文化产业政策的几点思考》，《黄山学院学报》2007 年第 2 期。

⑤ 娄孝钦：《十六大以来我国文化产业政策研究现状与缺失》，《学术论坛》2010 年第 5 期。

⑥ 周斌：《论文化产业政策的建构与创新》，《江苏大学学报》（社会科学版）2005 年第 4 期。

## 二 数字化转型背景下出版产业政策内容研究

数字化转型背景下出版产业政策体系的内容研究主要是对出版产业政策体系进行梳理，将其分类为发展政策、结构政策和组织政策，对其进行详细分析。

依据产业经济学的基础理论，将同一时段内的文化产业政策体系或者出版产业政策体系划分为三个方面：一是出版产业发展政策，具体包括布局政策、技术政策、金融政策、财政政策和可持续发展政策等方面；二是出版产业结构政策，具体内容是指对产业内部结构进行调整，扶持新兴产业、维持一般产业、淘汰落后产业；三是出版产业组织政策，具体内容是为企业自由竞争创造条件，鼓励产业内的企业进行良性竞争。

### （一）出版产业发展政策

出版产业发展政策是指政府为促进出版产业的结构调整和升级，以出版技术创新、优化空间布局等手段，来促进出版产业健康发展的政策总和。具体可依据出版政策目标的取向不同，进一步细分为出版产业技术政策、出版产业布局政策、出版产业外贸政策、出版产业金融政策和出版产业可持续发展政策。

技术政策方面，杨慧娟认为数字出版产业标准化管理体系尚未形成，需要政府加大资金投入，加快自主创新，发挥政府职能，完善政策法规，建立标准化的数字出版管理体系。[1] 陈洁等认为全媒体出版时代数字版权保护迎来新的问题和挑战，我国数字版权保护可以借鉴英国经验，以法律政策为基础，以集体管理为平台，以技术措施（数字权限管理技术和收费墙系统）为保障，为我国的数字版权保护提供有益借鉴。[2]

布局政策方面，解学芳对苏沪浙三地的区域性文化产业政策的共

---

[1] 杨慧娟：《传统出版向数字出版的转型及创新研究》，硕士学位论文，郑州大学，2013 年。
[2] 陈洁、王楠：《全媒体出版时代数字版权保护三要义——纵观英国近年版权制度改革》，《中国出版》2016 年第 5 期。

性和差异性进行了分析，共性在于基于本土文化优势，促进文化产业发展；积极利用政策手段来管理产业发展；相对于文化产业的发展速度，政策滞后性明显。差异在于三地政策内容偏重不同，以动漫产业为例，浙江的政策价值取向是鼓励、支持，而江苏的政策价值取向是加速发展；同时政策实施机制有差异，浙江和江苏是政府主导产业的发展模式，上海则是以市场为中心、政府引导的发展模式。① 殷悦佳认为我国数字出版产业基地方面具体政策的制定上相对属于空白，同时数字出版产业基地在建设的过程中遇到了行业合作、共赢、发展结构、知识产权、人才储备等方面的问题，她认为要明确数字出版产业基地的相关核查标准和建立登记制度，同时通过法律法规为我国数字出版产业基地的具体发展提供指导性意见，最后政府应协助实现基地和当地大学的资源对接，为基地发展储备人才。② 池仁勇、周丹敏认为我国数字出版产业集群已经初步形成，但只在空间布局的硬件层面达到了集聚状态，随集聚而生的规模经济优势、群体协同效应和技术创新优势并未充分发挥，政府应该出台政策促进数字产业集群发展。③ 张榕认为北京地区数字出版发展存在一些问题，主要体现在产业集约化难，未有效开发利用资源；传统出版产业对数字出版缺乏积极性；政策导向娱乐产业，产业不合理；横跨多行业，缺乏行业协会。她认为政府应该完善统计和公报披露工作，制定未来工作计划及指导意见；加大政策扶持力度，辅助传统出版社完成数字化转型，出台地区性管理法规；建立数字出版行业协会；健全产业链，梳理缺失的行业标准，加快标准化进程。④

---

① 解学芳：《文化产业政策的比较机理研究——以长江三角洲地区为例》，《上海行政学院学报》2008 年第 5 期。
② 殷悦佳：《对我国数字出版产业基地政策方面的探究与建议》，《财经界》（学术版）2014 年第 6 期。
③ 池仁勇、周丹敏：《数字出版产业集聚与其发展能力关系研究——基于区域环境的角度》，《中国出版》2015 年第 18 期。
④ 张榕：《北京数字出版业发展：现状问题与对策》，硕士学位论文，北京印刷学院，2012 年。

产业外贸政策方面，郑凌峰认为政策工具的实质是政府用来实现政策目标或结果的手段，当下我国传统出版业面临着数字化转型和集约化发展双重任务，他以国家数字出版基地为案例，分析其建设的环境因素、政策目标和使用的政策工具，探讨我国数字出版基地该如何从自愿型工具、强制型工具和混合型工具中做出正确的选择，促进我国数字产业向外发展。[1]

金融财政政策方面，李晓青、杨京钟认为我国数字出版产业金融财政政策激励存在一定问题，具体表现为激励内容少、激励范围偏窄。激励方式和手段不全面；国外相应的先进经验有三点，一是实施以间接税收优惠手段为主，直接税收优惠方式为辅，两者有机融合；二是制定完善的扶持财税政策激励体系；三是建立完善的公共财政资金帮扶与奖励机制。[2] 王关义、胥力伟认为数字出版产业财税政策问题表现在过于倚仗财政政策，缺乏落实，电子出版物优惠力度低且优惠政策没有考量其特点，税收优惠覆盖范围窄；他们认为应该发展扶持传统出版的数字化平台，制定出版优秀数字化产品的税收政策，出台激励传统出版转型税收政策，出台传统企业和新兴出版共同经营减免企业所得税政策，以期加快推动传统出版与新兴出版的融合发展。[3]

出版产业可持续发展方面，吕强龙认为数字出版产业链存在缺乏合作平台，资源无法有效配置，政府应出台政策加强产业的内容、渠道和资本整合。[4]

（二）出版产业结构政策

出版产业结构政策方面，吴江江认为支持学术著作发展是政府的一

---

① 郑凌峰：《国家数字出版基地政策工具选择研究》，硕士学位论文，厦门大学，2014 年。

② 李晓青、杨京钟：《基于新兴出版业态培育的财税激励政策研究》，《出版发行研究》2016 年第 10 期。

③ 王关义、胥力伟：《推动传统出版与新兴出版融合发展的财税政策研究》，《中国出版》2015 年第 17 期。

④ 吕强龙：《冲突与整合——中国数字出版产业链研究》，硕士学位论文，复旦大学，2013 年。

项重要出版政策，但当前学术出版发展仍然很困难，主要和学术著作的界定不清有很大关系，为完善学术著作的支持政策，有必要把握学术著作的创造性、科学性、专门性、理论性和系统性特征后，进行界定，同时给出"科研成果""理论进展综述""系统方法研究""资料整理汇编"等学术著作的分类。① 张静对我国政府出台的科技出版产业政策进行了分析，认为其促进了我国科技出版产业的发展，具体包括科技出版产业产值加大、形成了一批具有科技出版竞争力的出版企业；作者认为要进一步促进科技出版产业发展，政府在税收优惠力度上要增强、在政策执行方面要确保落到实处、进一步加大直接投入。②

高志凤分析了学术期刊的数字出版，认为我国学术期刊正在数字化，表现在学术期刊主办单位自办专业网站期刊，由学术期刊提供内容权威数据库机构建立综合性期刊网站，开始尝试学术期刊的网络出版发行；建议政府部门要给予政策支持，实现学术期刊的网上出版。③ 赵宏榜、李建新认为数字化出版对科技期刊在出版周期、文献检索、文献传递方面带来积极影响，政府应该积极扶持给予政策支持，促进科技期刊数字化出版发展。④ 徐畅、贾玉文分析我国工具书的数字化转型，认为我们要立足我国实际，借鉴国外经验，加强调查研究，统筹规划，重点建设具有中国特色的大型权威的工具书数据库，政府应该在工具书数字化方面提出发展规划。⑤ 金京植认为当前少数民族文化出版存在出版资源逐步萎缩的趋势，政府应该借鉴网络出版或数字出版的模式，来弥补或延伸其文化资源的传承和普及手段，发展适合于少数民族文字处理的数字技术并建立与之相关的数据库，对其文化遗产加以抢救和保护。⑥

———————————

① 吴江江：《学术著作特征与出版政策研究》，《出版广角》1999 年第 12 期。
② 张静：《我国科技出版产业政策研究》，《科技情报开发与经济》2008 年第 7 期。
③ 高志凤：《浅议学术期刊的数字出版》，《科技传播》2016 年第 23 期。
④ 赵宏榜、李建新：《数字技术对科技期刊出版的影响及发展对策》，《中国科技期刊研究》2011 年第 9 期。
⑤ 徐畅、贾玉文：《从数字时代国外出版业现状看我国工具书出版的发展方向》，《图书馆学刊》2016 年第 9 期。
⑥ 金京植：《少数民族文化出版资源的数字化网络化》，《中国民族》2009 年第 12 期。

柳斌杰认为要推动传统出版与数字出版的融合发展，经过"十二五"时期产业融合发展，产品形态不断丰富，产业规模壮大、融合度加深，消费市场日益成熟，政策环境逐步优化，但仍存在着发展模式不清晰、传统出版企业数字化发展速度迟缓、利益分配机制有待完善、产业标准亟待统一、数字版权保护不到位等问题。①

郑爱玲认为政府要促进传统出版社数字化转型，具体产品策略是要转变定位，努力成为产业链主导；与技术厂商合作，拓展运营平台；建立适合数字出版的体制及工作流程；专注于内容资源深度加工。② 许波认为数字出版物的质量监管有待加强，电子书市场和数字教育出版市场亟须调整和完善；政策应该加强对数字出版物的出版引导和质量监管，调整电子书市场，完善数字教育出版市场。③

崔景华、李浩研认为当前电子书发展存在一些问题，表现为原创内容不足、编校质量低劣、相关标准缺失、版权保护手段滞后等。他们认为应该建立健全与电子书出版相关的法律体系；加大财政投入，支持电子书专项研发工作；实施税收优惠措施，促进电子书产业发展；加大金融部门扶持电子书产业的力度；加强行政力度，确实有效保护电子书版权；规范电子书出版标准和格式。④

（三）出版产业组织政策

出版产业组织政策方面，唐子畏认为影响读者购书的动机主要有读者自身的购买欲和外界环境的刺激，前者主要包括读者需求水平和知识因素，后者主要包括读者群体、社会风尚和整体的经济环境；认为政府应出台政策来引导读者需求，其主要内容包括读者需求引导、价格引导和舆论引导等方面。⑤ 周蔚华认为当前的出版产业发展困境重重，具体

① 柳斌杰：《加快传统出版与数字出版的融合发展》，《现代出版》2011 年第 4 期。
② 郑爱玲：《传统出版社数字出版现状与发展策略》，《科技与出版》2013 年第 5 期。
③ 许波：《大数据时代数字出版的困境与对策研究》，《出版广角》2017 年第 4 期。
④ 崔景华、李浩研：《发展电子书产业的公共激励政策分析》，《出版发行研究》2011 年第 3 期。
⑤ 唐子畏：《读者购书动机与出版政策导向》，《编辑学刊》1990 年第 2 期。

表现为图书销售放缓、成本持续上升、退货率和库存率上升快。为进一步分析其具体原因，作者引入产业组织理论的 SCP 分析范式，即 Structure（市场结构）—Conduct（企业行为）—Performance（市场绩效）：在出版市场结构方面，主要分析了市场集中度、产品差异化和进入壁垒，我国出版市场的集中度不高、产品同质化现象严重、通过行政手段设立的进入壁垒高；在企业行为方面，我国的出版社其市场企业地位还未获政府完全认可，恶性价格竞争行为很多，非价格竞争方面，盗版和靠行政垄断销售现象明显；在市场绩效方面，出版产业增长放缓，后劲不足。他认为我国出版行政管理部门应该培育出版市场体系，加大政府对出版市场的宏观调控，给予出版产业更多的资金支持。①

缪宏才分析了我国出版行政管理部门对大学出版社实施"转企改制"政策，认为政府在大学出版社上进行"转企改制"政策，使得出版社有了全方位市场化的企业运作，使得大学出版社更加积极地参与市场竞争，能够做大、做强。② 周景敏认为数字出版为民营资本再次提供了历史性机遇，并为规制的最终改革提供了路径；她认为图书市场准入规制逐渐放松，改革呈逐渐深化的状态，在改革路径方面，由出版下游市场准入逐步向出版上游市场准入延伸，呈现逆出版产业链条的特点；每一领域的准入规制改革都是一个非国有资本和国有资本、市场机制与政府管制的博弈过程。③

朱丹从出版外贸产业政策的角度分析了我国政府在文化安全方面的价值观，主要通过对外商投资行为进行限制、对进口出版物实行内容管理和对本国出版业实行支持与鼓励政策三个方面来体现；对外商投资行为进行限制方面，中国政府依据自身的国情和 WTO 的相关规则，仅开放了书刊分销领域和视听部分领域；对进口出版物实行内容管理主要体

---

① 周蔚华：《也谈中国图书出版业的"滞胀"现象》，《中华读书报》2005 年 4 月 13 日。
② 缪宏才：《国家出版产业政策和后转企时代的大学出版》，《出版广角》2010 年第 4 期。
③ 周景敏：《数字出版视野下图书市场准入规制变革路径探析——以民营资本准入为中心》，《商报》2014 年第 24 期。

现在对出版物的进口上，单位行政必须是"国有独资"企业；对本国出版产业采取支持政策，体现在税收的优惠政策、进一步鼓励非公有资本进入文化产业和组建出版发行集团。①

### 三　数字化转型背景下出版产业政策发展对策研究

在完善我国出版产业政策体系建议方面，研究者主要从两个方面来进行：一是分析国外在面临数字时代的挑战时的出版产业政策调整；二是对我国出版产业政策在数字化转型过程中存在的问题进行分析，比如政策的可操作性问题、投融资政策问题和地方文化政策问题等，从而给出相应的建议。

（一）国外政策经验分析

当代国外出版产业政策体系的分析方面，主要包括对日本、韩国、美国、加拿大等国家出版产业政策体系的分析。韩莉分析了日本由于网络书店的崛起，分销领域的"定价寄售系统"制度受到了全面的挑战，政府制定的相应政策也出现无效化的趋势。② 裴雷认为日本的《内容促进法》和《知识财产推进计划》直接推动了数字出版产业的发展。③ 金菊贤详细分析了韩国教科书出版政策的历史变化：根据韩国的出版政策，除大学教科书之外，其他各级学校教科书的生产和发行都需要政府严格的审定，然后根据教科书是否由教育部长委托编写、是否根据教育部资料编写、是否有教育部批注等标准，分为"1种图书""2种图书""认定图书"三个层次的教科书层级；1995年之后，由于社会环境的变化，韩国政府对教科书政策进行全面改革，主要方向是放松了管制，政府对教科书的管理由微观层面转向宏观层面，同时大力引入市场机制，促进韩国教科书的发展。④

① 朱丹：《从出版产业政策的角度剖析我国的文化安全观》，《法制与社会》2008年第11期。
② 韩莉：《保护，是福是祸？——日本出版政策述评》，《出版参考》2001年第9期。
③ 裴雷：《日本数字内容产业的发展》，《软件导刊》2007年第23期。
④ 金菊贤：《韩国教科书出版政策与环境》，《出版发行研究》1996年第2期。

　　崔景华、李浩研介绍了韩国、日本的数字出版产业发展现状，认为我国要借鉴经验，建立健全数字出版产业法律法规体系，设立专业的数字出版管理部门，构建完整的数字出版专业人才培养模式，构筑高效的数字出版产品流通管理体系，营造公正的数字出版产品交易环境，制定规范的数字出版技术标准，打造灵活的运营模式。[①]

　　杨明亮详细分析了美国文化政策的内容，认为主要有四个方面的内容构成：一是政府重视文化产业的发展，通过政策保障来做后盾，其文化政策的形式大都用法律来体现；二是政府通过资金支持文化产业发展的力度大；三是鼓励科技在文化产业中的应用；四是在世界范围内大力培育和吸收文化艺术人才。[②] 张晗认为美国作为国际出版产业数字化的先驱，其政策内容关注文化与科技的关系，探寻文化发展、技术进步与出版产业转型的互动机制，探索文化科技融合创新下数字出版业的工作流程、商业模式以及产业链。[③]

　　杨贵山认为加拿大的出版政策主要有两大特点，一是限制外资在国内出版产业内的发展，积极保护本国出版产业，比如限制国外公司投资出版产业的股份额度；二是制定出版产业规划，加大投入，促进产业发展，比如加拿大文化与交流部每年都有专项资金资助出版产业发展。[④]

　　王清仔细分析了欧洲出版商于 2008 年发布的《欧洲与图书》宣言，认为该宣言是该协会开始主动向欧盟寻求出版政策和法律支持的体现。欧盟出版产业法规体系由法律和政策构成：政策方面，欧盟现行的出版业政策主要在"文化 2000（2000—2006）"和"文化计划（2007—2013）"的项目中，主要内容是对出版业进行直接资助；法律方面，有关出版业的法律框架为《建立欧洲共同体条约》第 5 条第 2

　　① 崔景华、李浩研：《韩日数字出版产业发展现状及扶持政策》，《出版发行研究》2012 年第 10 期。
　　② 杨明亮：《我国文化产业发展政策研究——以美国文化产业发展为比较》，《法制与社会》2008 年第 27 期。
　　③ 张晗：《文化科技融合创新下的美国数字出版业》，《新闻界》2013 年第 20 期。
　　④ 杨贵山：《加拿大的出版政策》，《科技与出版》1995 年第 2 期。

款，主要内容是成员国主体行动缺失后的"辅助原则"，以及《建立欧洲共同体条约》第151条，主要内容是欧盟文化政策的主要目标和职权机构，从这两条可以看出欧盟在出版业的政策主要以鼓励为主，其具体政策内容都是由各成员国自己决定。① 何芳、胡新宇分析了法国数字出版面临的问题，主要有传统文化习惯的制约、电子书定价过高及保护格式和盗版网站的冲击；法国政府的对策是对电子书统一定价及税收政策、加大对数字出版业的扶持力度和注重数字出版平台的建设。②

李庆本、吴慧勇根据加拿大文化经济学家哈瑞和克莱尔提出的四种文化产业政策模式，对国外的文化产业政策进行了评析。他们认为美国是属于"提供便利型"模式，政府不直接提供资助，也不直接接入管理，只是通过间接的手段来促进文化产业发展；英国属于"庇护者"模式，政府选择行业协会来实行对文化产业的管理和资助；法国和荷兰属于"建筑师"模式，政府积极、全面地介入文化产业发展过程中，为文化产业的发展进行规划，并大规模提供资助；"工程师"模式就是政府全面介入文化产业发展，但是排斥市场手段，苏联和东欧的原社会主义国家就是采用这样的政策。③ 段诗韵系统研究了美英德数字出版产业的政策机制，认为美国、英国、德国的产业管理体制具有一些明显特征：一是政府部门、行业协会、企业组织、消费者群体等主体相互结合；二是市场调节为主、政府监管为辅。④

（二）政策建议

政策建议是从政策内容与执行机制两个方面来研究的，政策内容是从发展政策、结构政策与组织政策来建议，执行机制是从政府在产业中的作用、产业政策运作方式和执行效率来分析的。

产业发展政策方面，赵鸿颇详细分析了河北省的文化产业发展，认

① 王清：《欧洲出版商最新欧盟出版政策诉求述评》，《出版发行研究》2009 年第 10 期。
② 何芳、胡新宇：《法国数字出版发展启示》，《编辑学刊》2016 年第 7 期。
③ 李庆本、吴慧勇：《欧盟各国文化产业政策咨询报告》，大象出版社 2008 年版。
④ 段诗韵：《美英德数字出版产业的政策机制及其借鉴意义》，硕士学位论文，中南大学，2013 年。

为主要存在三个方面的问题：一是文化体制改革缓慢；二是政策支持力度不大；三是市场发育不完善。他认为解决这些问题的对策是完善"决定—意见—规划—政策—措施"的文化产业政策体系，为文化产业的发展创造良好的环境。① 政府对于文化产业的投入方面，赵晨认为我国文化产业政策在微观层面上存在的问题是产业政策粗放、不完善，同时政府在文化产业上给予的财政税收优惠政策力度不够，所以政府应该完善文化产业政策体系，加大财政税收对产业发展的支持。② 张伟、周鲁柱认为我国文化产业的投融资空间巨大，其表现在消费者对文化产品的需求巨大、企业的发展规模有待提高，但目前我国在文化产业投融资方面存在一些问题，阻碍了文化产业进一步的发展，主要有政府投入不够、外资利用水平不高、投融资效率低、渠道缺乏等问题，这些问题的产生部分源于投融资政策不完善，所以为了促进文化产业的发展，政府应该制定积极的文化产业投融资政策，放松限入管制。③ 刘艳红等人认为我国当前的文化产业发展迅速，但问题依然很多，比如文化市场发展不平衡、生产结构不合理等；解决的方法是进一步放开文化市场限制，鼓励多种经济成分共同参与文化市场经营，同时打破行政权力造成的垄断，进一步出台相关政策鼓励区域文化产业发展，培育有市场影响力的文化企业，继续加大金融政策对文化企业的扶持力度。④ 李晓青认为金融财政政策要构建有机融合的激励体系，同时依据不同业态特性与特质实施差异化税收激励政策。⑤ 宋艳波认为我国财税政策支持新闻出版业数字化转型，具体举措是扩大新闻出版业的财政专项资金规模，完善专项资金的管理制度；完善新闻出版业的税收优惠政策；加大对数字出版

① 赵鸿颀：《河北省文化产业发展对策研究》，硕士学位论文，天津大学，2009 年。
② 赵晨：《我国文化产业跨行业经营的难题及对策》，《黑龙江社会科学》2005 年第 6 期。
③ 张伟、周鲁柱：《我国文化产业投融资存在的问题及基本对策》，《现代传播》2006 年第 4 期。
④ 刘艳红、韩国春、罗晓蓉等：《对中国文化产业政策的探讨》，《云南师范大学学报》（哲学社会科学版）2006 年第 5 期。
⑤ 李晓青、杨京钟：《基于新兴出版业态培育的财税激励政策研究》，《出版发行研究》2016 年第 10 期。

的支持力度，加快传统出版的数字化步伐；构建适合我国新闻出版业发展的综合性融资模式，发展多元化经营。①

产业结构政策方面，齐勇锋认为政府有必要把加快文化产业发展作为应对危机，调整经济结构，实现国民经济可持续发展的重要举措，要加强文化产业的基础设施和内容建设。② 因此，要通过推动升级转型，加快数字内容资源的深度整合，加强技术公司与出版机构的深度合作，加快数字出版重大工程建设，加快产业基地建设，推动公共文化服务体系建设，加大引导和政策扶持力度，全力开创新局面，实现中国新闻出版业的大跨越。③

产业组织政策方面，阎晓宏认为从版权角度看我国的内容产业发展存在三个问题：对版权认识不够，对自身定位不清，数字出版平台的建立具有一定的盲目性。他的建议是深刻理解版权，集约版权；要进行版权资源、人才资源以及特定作品市场资源的联合；此外还需要国家的规划指导、政策支持及资金支持，从而推动数字出版产业的发展。④

政策执行机制方面，向杜春分析了我国出版产业发展政策的可操作性问题，认为我国政府非常重视出版业的发展，颁布一系列促进出版发展的政策法规，但出版产业的发展情况却不甚理想。他认为政策的可操作性是主要问题之一，其表现主要在：一是政策缺失，无法可依；二是出版产业政策的量化水平低，过于口号化、原则化、缺乏合理的配套实施机制；三是政策法规的威慑力不足，执法效率低下；四是政策不够稳定，缺乏必要的延续性和稳定性；五是政策不统一，有些内容甚至相互

---

① 宋艳波：《促进我国新闻出版业发展的财税政策研究》，硕士学位论文，财政部财政科学研究所，2014年。

② 齐勇锋：《关于文化产业在应对金融危机中地位和作用的探讨》，《东岳论丛》2009年第9期。

③ 柳斌杰：《加快传统出版与数字出版的融合发展》，《现代出版》2011年第4期。

④ 阎晓宏：《关于出版、数字出版与版权的几个问题》，《中国新闻出版报》2013年2月21日。

抵触。同时，他认为产生出版政策可操作性问题的主要原因有：一是政府过于着重出版产业的意识形态属性，而忽视市场经济属性；二是政策的制定机构、执行机构过多，缺乏有效的协调。①

政府在制定文化产业政策中的角色定位方面，孔祥宁认为我国的文化产业在发展过程中，政府的角色也从"办文化"的传统计划经济管理模式向"管文化"的方向逐步转变，目标是以行业管理为主，通过各种经济的、法律的和行政的手段来调控市场，而这种手段的运用就要求国家建立健全、完整的国家文化产业政策系统和法律系统。② 王清政认为政府应当在文化产业发展中发挥主导作用，其具体作用体现在五个方面：一是用新的文化产业发展的思想观念来规划文化产业发展；二是积极出台促进文化产业发展的政策；三是构建文化产业发展的法律体系；四是推进文化体制改革和创新；五是建立完善的人才培养体系。③耿相新认为我国当前的出版产业政策的价值取向应该包括三个方面的内容：一是推进出版内容产业的发展，具体包括向国外和我国基层市场渗透、传统内容的数字化、内容融合；二是实现出版企业由跨媒体、跨行业、跨地区向跨所有制、跨国界、跨介质的转变；三是完善出版产业的保障体系，包括出版产业诚信体系、出版行业的行规体系和法律体系。④孟春认为出版产业数字化转型，政府有七个方面的作用：加快制定法规，规范行业市场；快速推动标准化建设，提升企业竞争力和产品质量；及时制定和修编行业发展规划，引导产业健康发展；加快专业人才的培养和评定，夯实产业发展基础；引导组建行业自律协会，促进企业协作共赢；加大政策引导力度，拓宽行业资金投入渠道；建立公共服务长效机制，多元化主体实施公共服务建设。⑤

构建出版产业机制方面，钱正武、杨吉华认为应当从以下五个方面

① 向杜春：《论我国出版政策法规的可操作性》，《知识经济》2009年第8期。
② 孔祥宁：《论文化产业发展的政策支持》，《企业经济》2005年第7期。
③ 王清政：《文化产业发展中政府主导作用探究》，硕士学位论文，郑州大学，2010年。
④ 耿相新：《中国出版产业政策的转向与展望》，《出版广角》2010年第4期。
⑤ 孟春：《数字出版行业的政府角色定位建议》，《内蒙古教育》2016年第33期。

着手：一是完善文化政策主体横向协调机制，处理好不同行政部门之间的关系；二是完善文化产业政策主体纵向协调机制，处理好中央和地方的关系；三是完善文化产业政策宣传机制、信息反馈机制和监督机制，增强文化产业政策主体的综合调控能力；四是完善文化产业政策客体的动态调适机制，提高其政策执行能力；五是完善利益诱导机制，建立以间接方式为主的文化产业政策实施手段。[1] 周澍等人认为，数字出版产业高速发展的时期，政府应该回应方向性挑战、模式挑战、制度创新性挑战三项根本性挑战，同时要关注系统性的政策研究。[2] 周艳敏分析了国外数字出版产业政策，建议我国首先应建立系统的数字出版产业法律体系和切实有效的产业促进与管理机制。[3] 孙寿山认为随着数字出版产业进入发展新阶段，对相关工作也提出了新要求，体现在政府管理层面，就是要加快制定相关的政策文件，优化产业政策体系。[4] 张晗认为政府应该从政策上支持数字出版流程再造、构建多元化商业模式、拓展数字出版产业链，建立包含行政管理、市场服务、知识产权、人才保障在内的完整的政策体系。[5] 余树华认为构建生态型出版机制促进产业发展，生态型出版机制具体包括政策导向机制、动力激励机制、补偿平衡机制、技术共享机制、评价监督机制。[6] 邓大松、欧阳志荣认为各级出版行政部门应该认清出版数字化的潮流，创新出版管理制度，从政策制定、结构调整、产权制度改革等方面入手，促进新型出版业的根本转变和发展；具体措施是提高出版政策可操作性，加强出版政策综合管理，加强基地和园区建设，调整出版产业结构布局，规范政府管理职能，推

① 钱正武、杨吉华：《我国文化产业政策的制定及其实施》，《安徽师范大学学报》（人文社会科学版）2007 年第 1 期。

② 周澍、黄俊尧、毛丹：《国内数字出版产业研究的检视与反思》，《浙江社会科学》2013 年第 3 期。

③ 周艳敏：《国外数字出版产业政策比较研究》，《出版发行研究》2014 年第 11 期。

④ 孙寿山：《融合发展目标下数字出版产业发展新要求》，《出版参考》2015 年第 10 期。

⑤ 张晗：《文化科技融合背景下的中国出版产业数字化转型研究》，硕士学位论文，武汉大学，2013 年。

⑥ 余树华：《论生态型出版机制的构成》，《中国出版》2013 年第 3 期。

动出版产权多元化。① 周艳敏认为我国数字出版产业政策存在政出多门，管理体制不顺；产业标准制定滞后且缺乏统一性；相关版权法规有待完善；产业促进与规制政策、法规失衡；产业结构与布局有待政策调整等问题。她建议政府要不断完善版权法律规范；产业促进与规范并举，推进公益性数字出版；建立健全行业标准；进一步理顺政府管理体制。②

① 邓大松、欧阳志荣：《刍议出版数字化转型中的制度创新》，《出版发行研究》2014 年第 10 期。
② 周艳敏：《我国数字出版产业政策法规回顾与展望》，《中国出版》2013 年第 21 期。

# 第二章　数字化转型背景下的出版产业政策研究理论基础

要研究数字化转型背景下的出版产业政策，必须以严谨的理论体系为基础，方能进行深入研究。虽然当前出版学界对于出版产业政策体系的研究涉及很多方面，但基础理论研究相对较少，不足以为本书后续的研究提供坚实的理论支持。所以笔者认为有必要在开始研究之前，构建一个科学的、完整的基础理论框架。笔者认为可以借鉴成熟的公共政策与产业政策的相关基础理论来作为研究数字化转型背景下的出版产业政策的基础理论。具体来看，包括如下三个方面的内容：一是运用公共政策和产业政策的定义、特点和功能分析来对出版产业政策的定义、特点与功能进行界定，以便更加科学地分析研究对象；二是运用公共政策过程理论来分析出版产业政策形成过程，动态分析出版产业政策的运作过程；三是运用产业政策的分类方法来对出版产业政策的分类进行详细分析，以便在下文中对出版产业政策内容进行科学分析。

## 第一节　公共政策理论

公共政策、产业政策与出版产业政策具体的关系是公共政策包含产业政策与出版产业政策，产业政策包含出版产业政策。所以在构建出版产业政策理论体系之前，笔者认为应该详细对公共政策的相关理论进行分析，其中涉及出版产业政策体系理论构建的内容主要包括：一是公共政策的解析，主要是对公共政策的定义、特点和功能进行分析，目的是为定义出版产业政策提供理论支持；二是公共政策的过程分析，这是公共政策理论的重点部分，主要是分析公共政策的制定、实施与调整，目的是为出版产业政策的过程分析提供理论支持。

**一 公共政策解析**

公共政策解析主要包括公共政策的定义、特点与功能三个部分。

（一）公共政策定义

自从美国著名政治学家、芝加哥大学教授 Charles E. Merriam 在 20 世纪 20 年代将哲学、心理学、社会学和人类学的研究方法带入公共政策的研究领域，兴起了公共政策研究的热潮。[①] 在对"公共政策"一词的界定中，很多学者从不同的角度给出了定义。

Thomas R. Dye 对"公共政策"的定义是："政府选择作为或不作为的行为。"[②] D. Easton 认为："社会所从事的权威性价值分配。"[③] Harold Lasswell 则认为："公共政策是一个包含了目标、价值观，经过设计并准备付诸实践的计划。"[④] James Anderson 认为："公共政策是由一人或多人为应对社会问题而采取的一个有目的的行动过程。"[⑤] C. J. Friedrich 认为公共政策的核心在于政府行为的目标。[⑥]

从上述各位学者对"公共政策"的界定中可以发现，其中 Thomas R. Dye 对"公共政策"的定义是最简洁、最完善、最能涵盖其他学者的定义。D. Easton 认为政策是一种权威性的价值分配，其分配是一种活

---

① The University of Chicago, The University of Chicago Faculty, http：//www. lib. uchica-go. edu/e/spcl/centcat/fac/facch15_ 01. html

② Thomas R. Dye, *Understanding Public Policy*, 10th ed. N. J.：Prentice Hall, 2002.

③ D. Easton, *The Political System*, New York：Knopf, 1953.

④ Harold Lasswell, *Power and Society*, New Heaven：Yale University Press, 1970.

⑤ James Anderson, *Public Policymaking：An Introduction*, Boston：Houghton Mifflin, 1990.

⑥ C. J. Friedrich, *Man and His Government*, New York：Mc Graw-Wall Co. , 1963.

动，这种权威性的活动也只有政府才能进行；Harold Lasswell、James Anderson、C. J. Friedrich 三位学者定义"公共政策"时，强调了政策的计划性、目的性、目标等因素，实质是强调了政府在面对社会问题时选择有作为的行为，是公共政策的一部分，公共政策还有政府选择不作为的一部分，例如在处理国际问题方面，中国政府决定不参加"八国集团"，而依托联合国来进行讨论、处理。同时，需要对 Thomas R. Dye 的定义进行改进，他对"公共政策"定义中的主体对象是指政府，但是有些非政府组织也参与行政事务，比如我国的中共中央宣传部的主要职能就有一项"指导宣传文化系统制定政策、法规"[1]。所以，笔者认为公共政策的定义就是掌握公共权力的政治性组织选择作为或者不作为的行为。[2]

从上述对定义的讨论中，可以看出公共政策定义包括如下几个关键要素：

（1）公共政策有确定的主体对象。并非所有的人或组织都可以制定公共政策，只有获得法律授权、享有公共权威的人或者组织可以制定、执行和评估公共政策，这里主要是指政府。

（2）所有公共政策制定都是为了解决社会公共问题。公共政策是掌握公共权力的政治性组织对社会进行管理的一种方式，目的是为了保证社会公正、民主、和谐的发展；具体而言，公共政策就是为了解决已经存在的社会问题，协调与平衡公众的利益矛盾。

（3）公共政策都是主体与客体的统一，是掌握公共权力的政治性组织运用一定的资源进行公共管理的活动过程。由于个体与个体之间、个体与群体之间、群体与群体之间在社会中的分工、地位不同，由此会产生不同的利益需求，这些利益需求有些相互之间会产生矛盾，这样一来，社会问题就产生了，公共政策的客体也就出现了。然后针对这些社会问题即公共政策的客体，政府就利用一定的资源制定合理政策来协调

---

① 人民网（http://cpc.people.com.cn/GB/64114/75332/5230610.html），2011 年 4 月 20 日。
② 林水波、张世贤：《公共政策》，五南图书出版股份有限公司 2006 年版，第 7—9 页。

各方之间的利益需求。

（4）公共政策要呈现一定的表现形式。可以从其具体的表现形态和文字表现方式来看，具体的表现形态包括战略、方针、规划、计划、方案、项目等；文字表现方式有指示、会议纪要、决定、条例、章程、工作报告等。

（二）公共政策的特点

公共政策是掌握公共权力的政治性组织为管理公共事务、提供公共服务的行动指南。可以从两个角度来看公共政策的特征：一是横向角度，从公共政策与政治系统、公共管理、社会公众三者的关系，可以看到公共政策具有辩证统一的四组特征，即政治性与公共性、稳定性与动态性、公平性与效率性、强制性与合法性；二是纵向角度，从公共政策的动态变化来看，可以看到其日趋复杂的特征。

1. 从横向角度看公共政策的特征

（1）政治性与公共性

公共政策是政治系统运行的一个重要环节，是由掌握公共权力的政治性组织所制定的，必然要体现其利益，同时也要维护和巩固现行的政治统治，这反映出公共政策的政治性特征。阶级性是公共政策的政治性在阶级社会的具体表现，当统治阶级与被统治阶级的矛盾处于激化状态下，公共政策的这一特点表现得尤为明显。

公共政策的公共性是与其政治性相对的一个特性。公共政策的公共性要求掌握公共权力的政治性组织在处理社会问题时，维护社会公正，平衡各方利益，保证社会的稳定发展。因此，公共政策必须反映社会中大多数人的利益，否则公共政策就会成为特殊利益集团谋取私利的工具，危害社会整体的发展。

公共政策的政治性和公共性有相互辩证的关系，既有相互融合的一面，也有相互冲突的一面。如果掌握公共权力的政治组织能够将自身的利益与社会的整体利益结合在一起来制定和执行公共政策，那么公共政策的政治性和公共性就能很好地融合，反之，则会冲突。

（2）稳定性与动态性

公共政策的稳定性主要体现于掌握公共权力的政治组织制定和执行公共政策的主要目的是维护社会的发展和稳定，要达到这个目的，公共政策就要保持相对的稳定性，否则公共政策的有效性就会受到伤害，从而影响社会的发展和稳定。公共政策的动态性在于整个公共政策的制定和执行环境都是不断变化的，比如人们教育水平的提高、科技的进步、国际环境的变化等，这就要求公共政策能适应环境的变化，适当进行调整。

公共政策的稳定性与动态性的关系也应该辩证地来看，公共政策应该稳中有变，变中有稳。如果公共政策与社会环境是相适应的，那么就应该维持大体稳定，这种稳定不是绝对的，适当的微调也是有必要的；如果公共政策与社会环境不相适应，那么就需要对其进行调整，这种调整也不是全部去推翻，而是要适当地保持政策的连续性。比如人民币的汇率政策，要保持在国际汇率市场的适当稳定，不能变动太频繁，也不能不调整，否则会有碍我国的经济发展。

（3）公平性与效率性

公共政策的制定和执行就是要维护社会的发展和稳定，如果没有相应的公平性，社会中的矛盾就会激化，社会发展与稳定就难实现。公共政策的公平性体现在多个方面，比如个人受教育的机会、个人收入、城市和农村的发展等。公共政策的效率性体现在投入资源效益最大化，因为每项公共政策都有社会资源的投入，要使得公共政策有效率，就必须使得这些资源的投入效益最大化，在投入同等社会资源的情况下，尽量地解决更多的社会问题。

公共政策的公平性与效率性也是辩证统一的：公共政策的公平性不是绝对的公平、平均主义，允许有适当的差别，这种差别是基于个人付出的基础之上，也只有这样政策的效率性才能体现出来；公共政策的效率性是以公平性为基础的，没有公平作为效率的基础，政策必将成为社会少数人获取私利的工具。

（4）强制性与合法性

公众利益的差异性与多层次性导致了公共政策的强制性，因为社会中每个人的利益要求有很大的差异，比如对于个人所得税的起征点，公众与政府之间、低收入人群与高收入人群之间就有差异，要消除这种差异，公共政策的强制性是必需的。公共政策强制性保障是掌握公共权力的政治组织所建立的国家机器。

现代社会是法制社会，社会所有成员的行为都受到法律的约束，政府制定和执行的公共政策也不例外，必须在法律的框架下进行运作。公共政策的合法性体现在四个方面：一是公共政策制定主体的合法性，是指公共政策的制定和执行必须是合法的组织；二是公共政策制定程序的合法性，就是制定公共政策的每个环节都要遵循规定的程序和步骤来进行；三是公共政策的内容合法性，是指公共政策所规定的内容符合公众的利益要求；四是公共政策的形式合法性，是指政府制定的公共政策在文字上、颁布的方式上都必须是规范的。

公共政策的强制性和合法性是统一的。只有在公共政策合法性的基础上，强制性才会为公众所接受；如果公共政策的主体、制定程序、内容、形式不合法，那么政策的强制性就会受到公众抵制，政策效率必然低下，比如我国各个城市的自来水提价，就必须符合我国相关的法规，否则就会受到公众质疑。

2. 从纵向角度看公共政策的特征

随着社会的日益发展，现在的公共政策体系日益呈现出复杂性，这种复杂性表现在两个方面。

（1）公共政策类型的日趋多样化。掌握公共权力的政治性组织通过公共政策对社会事务进行管理，日益渗透至人类社会的方方面面。横向来看，国防、外交、教育、福利、税收、住房等问题都在其中；纵向来看，大到涉及天文数字的国家年度预算，小到节日放假时间。

（2）公共政策制定和执行中的复杂性。首先，是公共政策制定环境的日趋复杂，随着科技的进步，制定公共政策的社会环境中的各个因素相互依存度加大，一旦出现社会问题，必然会涉及社会、经济、政治、文化等各个方面；同时，由于国与国之间的交流更加频繁，相互的联系更加紧密，导致国内出现社会问题的国际影响因素越来越常见。其次，现代社会的生活节奏日益加快，社会问题的出现及其变化速率都要快于传统社会，这就加大了公共政策制定和执行的难度，对其动态性提出了更高的要求。

（三）公共政策的主要功能

事物的功能是事物内部结构要素相互作用或事物整体与外界相互作用后表现出来的作用。公共政策的功能就是公共政策的内部结构要素相互作用后，对社会带来的总体效能与效用，是政策本质的具体体现。公共政策比较重要的几个功能有管制功能、引导功能、调控功能和分配功能。

1. 公共政策的管制功能

公共政策管制功能产生的原因是掌握公共权力的政治性组织通过公共政策这一工具处理社会问题时会涉及多方利益，这些利益要求各不相同，甚至是相互冲突的，所以掌握公共权力的政治性组织需要运用这一工具对这些利益相关方进行协调。公共政策的管制功能主要有两种：一是积极的管制功能，就是政策的内容具体规定使得其管制对象自我约束其行为，比如中华人民共和国新闻出版总署颁布的《图书质量管理规定》① 第五条 "差错率不超过 1/10000 的图书，其编校质量属合格"，这使得出版社在出版图书时必须遵守这一规定；二是消极的管制功能，就是政策管制的对象不遵守政策内容的时候，就会受到相应的惩罚。比如对于不合格图书的管理，《图书质量管理规定》第十七条对于其相应的惩罚有明确的规定："经检查属编校质量不合格的图书，差错率在 1/10000 以上 5/10000 以下的，出版单位必须自检查结果公布之日起 30 天内全部收回，改正重印后可以继续发行……违反本规定继续发行编校

① 除特别说明之外，本书引用政策均引自万方数据知识服务平台的 "法规" 数据库和百度公司的 "法规" 数据库。

质量不合格图书的，由省级以上新闻出版行政部门按照《中华人民共和国产品质量法》第五十条的规定处理。"

2. 公共政策的引导功能

公共政策引导功能是指掌握公共权力的政治性组织为解决因各方利益不同而产生的社会利益矛盾制定相应的行为准则，来规范和引导人们的行为。引导功能产生的原因是每个人在开展社会活动时都会产生有具体利益指向的行为，如此多个个体汇集而成的群体会形成一定的社会秩序，这种社会秩序也会有自身的利益诉求，具体反映在对社会资源的配置上，这种配置会决定社会的整体发展。个体或者群体的行为方式、社会秩序、社会资源配置、社会发展等形成彼此相互影响的整体，其中社会主体的行为尤为重要，它直接决定了社会的发展方向，所以掌握公共权力的政治性组织有必要通过公共政策去引导社会主体的行为，确保社会的发展方向。

引导功能通过两种途径体现：一是通过目标，因为公共政策都有一定的目标指向，通过强制的方式来规定社会主体行为，从而使社会朝着一个方向有序发展。比如新闻出版总署颁布的《新闻出版业"十二五"时期发展规划》，提出新闻出版业在"十二五"时期的经济总量目标，具体是新闻出版产业增长速度达到19.2%，到该时期结束实现全行业总产出29400亿元，实现增加值8440亿元①，这种快速增长的目标会使得新闻出版业加大投资力度，促进全行业发展。二是通过价值，即通过观念的引导来反映社会主体的行为方式，比如《新闻出版业"十二五"时期发展规划》中的重点发展任务有一项就是"传播社会主义先进文化，弘扬社会主义核心价值体系"②，这就反映了我国新闻出版业政策的价值主流，那么出版社在出版图书时内容上要和这项政策保持一致。

---

① 新闻出版总署：《新闻出版业"十二五"时期发展规划》（http：//www.gapp.gov.cn），2011年4月20日。

② 新闻出版总署：《新闻出版业"十二五"时期发展规划》（http：//www.gapp.gov.cn），2011年4月20日。

引导功能从作用效果上看，有和政策所设定目标一致的作用，即正向的作用；也有和政策所设立的目标不一致的作用，即非正向的作用，比如我国政府在"协作出版"方面出台的政策——1985年1月1日，文化部颁布的《关于在协作出版中需要注意的问题的通知》和当年5月2日颁布的《关于开展协作出版业务的补充通知》都对"协作出版"做出了肯定和相关的管理规定①，但是政策的引导作用呈现出非正向的作用，导致了出版界"买卖书号"现象的兴起。

3. 公共政策的调控功能

公共政策的调控功能就是掌握公共权力的政治性组织运用政策手段对社会公共事务出现的各种利益冲突进行的调节和控制。正如上面所论述的，个体或者群体在社会活动中都会有一定的行为，这种行为表现为明显的利益指向，所以不可避免地会有冲突，此时需要公共政策来调节、平衡各方利益，从而解决社会矛盾，维持社会平稳发展。

公共政策发挥调控功能的作用类型有直接作用与间接作用两大类：公共政策对于其政策对象调控功能的作用是直接的，而对非政策对象调控功能的作用是间接的。比如新闻出版总署颁布《经营性图书出版单位等级评估办法》，直接作用是对经营性图书出版单位加强管理，优化出版资源配置；间接的作用是对全行业的，具体来说，就是形成行业推出机制、优化出版产业结构、促进出版产业发展。

从公共政策发挥调控功能的结果来看，有积极的正面效应和消极的负面效应。如果公共政策制定合理，实施有保障，那么公共政策调控就能有积极的正面效应，促进社会的发展，反之，公共政策的调控就呈现消极的负面效应，不但不能解决社会矛盾，反而有加剧的趋势。

4. 公共政策的分配功能

公共政策的分配功能是指掌握公共权力的政治性组织利用公共政策进行社会资源配置的功能。掌握公共权力的政治性组织在进行社会资源

---

① 黄先蓉：《出版物市场管理概论》，武汉大学出版社2005年版，第223—225页。

配置的时候，总是会遇到资源向谁分配、怎么分配等问题。在通常情况下，掌握公共权力的政治性组织会将社会资源配置给予政府主观偏好一致的社会主体大众。具体来说，公共政策的分配功能涉及效率与公平的价值取向，比如在计划经济体制下，我国政府在公共政策的分配功能上实行的是牺牲效率的平均主义原则，而在市场经济体制下，我国政府的公共政策的分配功能实行的是效率与公平相兼顾的分配原则。比如新闻出版总署于 2009 年 1 月 7 日颁布的《书号实名申领管理办法（试行）》就涉及对出版行业书号资源的配置。

## 二　公共政策的过程分析

很多学者做过关于公共政策的过程研究，其中以 James Anderson、C. O. Jones 建立的研究框架最为杰出，台北大学林水波与张世贤教授对其进一步整理，从而形成更加合理的公共政策过程框架，具体包括：公共政策问题的认定、公共政策的规划、公共政策的合法化、公共政策的执行、公共政策的评估。[①] 其中结合其他研究者关于公共政策过程的研究成果，林水波和张世贤教授在公共政策过程模型中，添加了一个过程，称之为"公共政策的调整"，具体包括公共政策的修正、终止行为。

（一）公共政策问题的认定

古人云："千里之行始于足下。"在公共政策过程中，公共政策问题的认定是整个过程的第一步，许多公共政策学者和其制定者，通常会花费很多精力在问题的认定过程上，有的学者和制定者甚至将公共政策的认定研究称之为"公共政策问题分析之学"，从中可见公共政策问题的认定在整个公共政策过程中的重要地位。

公共政策问题的认定可以分为两大过程：一是公共政策问题的分析过程，主要是发现与界定问题，找到问题的性质、特征等；二是公共政

---

① 林水波、张世贤：《公共政策》，五南图书出版股份有限公司 2006 年版，第 47—57 页。

策问题的政治过程，也称之为公共政策的议程，主要是掌握公共权力的政治性组织选择哪些问题进行解决的过程。

1. 公共政策问题的分析过程

公共政策问题的分析过程是重要的，因为不找准问题，了解问题的实质，那么后面的公共政策制定和实施就会成为无用功，从而耗费很多社会资源。

（1）性质

在弄清楚公共政策问题的性质之前，有必要来解析"问题""社会问题""社会公共问题""公共政策问题"几个概念。"问题"是客观存在与主观认知之间的矛盾，在这几个概念中，它的涵盖最广，无论从时间还是空间上来看，它始终存在，并且一直处于运动变化中。"社会问题"是指社会实际状态与社会期望之间的矛盾，社会问题也是始终存在于社会的发展中，即使是在太平盛世，社会问题依然存在，只不过其严重程度相对较小。"社会公共问题"是为公众所关注的社会实际状态与社会期望之间的矛盾，它与社会问题的差异主要在于关注群体的数量上。比如个体去复印书籍而不支付版税，这是一个社会问题，而大规模盗版印刷书籍而不去支付版税，引起出版单位、发行单位与作者的广泛关注，这就是一个社会公共问题。"公共政策问题"是指已经进入到政策过程的社会公共问题，并非所有的社会公共问题都能成为公共政策问题，主要是因为社会资源有限，掌握公共权力的政治性组织不可能将所有社会公共问题纳入政策过程范畴，只能选择解决那些为公共所关注的主要社会矛盾，比如盗版书，如果没有进入政策过程，那它就是社会公共问题，反之，它就是公共政策问题。

根据上面的解析，从过程上来看，上述几个概念应该有如图 2－1 的关系。问题要成为社会问题，需要为社会个体或者群体所认知；而社会问题要成为社会公众问题，其社会个体或者群体的关注度被进一步扩大，成为社会公众普遍所关注的问题；社会公共问题要成为公共政策问题，需要为掌握公共权力的政治性组织所关注，进入公共政策过程。

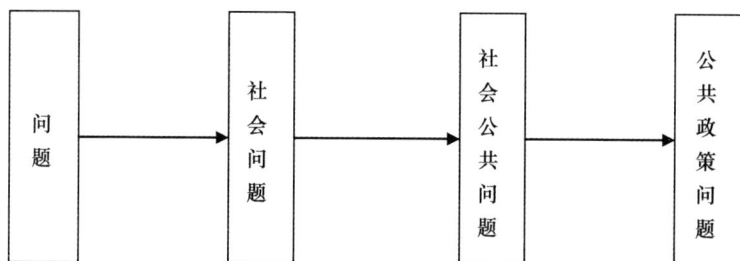

**图2-1　公共政策问题链**

综上所述，公共政策问题的性质是产生于客观存在与主体认知之间的矛盾，为大众所关注，同时进入掌握公共权力的政治性组织管理的范围，并纳入了政策过程。

（2）特征

公共政策问题产生于客观存在与主体认知之间的矛盾，但是同样一个问题，因为主体认识的不同，公共政策问题的认识有很大差异。比如我国出版业内的图书价格问题，业内的管理者都认识到目前图书价格管理处于混乱的状态，需要进行治理，但其认识差异很大，有的管理者认为要进一步加强政府对图书价格的管理，但有的管理者则认为应该进一步放开图书价格的管理，让其随市场变化而自由浮动。从这个例子可以看出公共政策问题的特征有客观性、主观性、人为性、依存性、动态性。

客观性是指任何公共政策问题都是客观存在的，是通过各种要素联结而成的。主观性是指公共政策问题是被公众所认定的，这明显带有一定的利益、价值和观念。人为性是指公共政策问题的认识和解决，都要通过人的行为来进行。依存性是指公共政策问题不是一个独立的个体，而是彼此相互联系的整体，比如市场经济政策与国家性质相互联结的话，有社会主义体制下的市场经济政策和资本主义体制下的市场经济政策。动态性是指公共政策问题的各个因素随着社会的发展，时刻在发生变化，特别是信息技术飞速发展的今天。

（3）公共政策问题的发现

公共政策问题的发现，其逻辑结构图由问题察觉、问题界定与问题陈述这三个相互依存的阶段构成，具体可见图 2 - 2。[①] 从问题察觉到问题的界定，需要决策人员或者政策分析人员利用自身的价值观念、意识形态等知识对问题进行分析，所以往往看到同一个问题有不同的分析。比如电子书的格式统一问题，有的研究人员认为这是电子书市场发展必经的一个过程，不需要政府介入，但有的研究人员则认为各个企业各自发展电子书的格式，会造成社会资源浪费，需要政府出台政策进行管制。从实质问题转换成制式问题时，实际上是一个问题标准化的问题，就是将问题的各个关键要素梳理出来，一般要借助问题陈述的功能来完成，也就是专业的问题分析方法和技巧，比如统计方法、数学模型等。

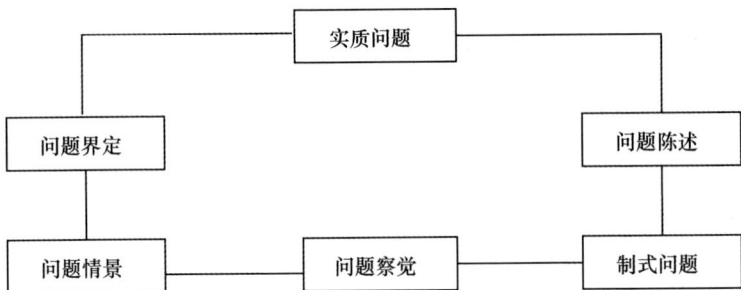

图 2 - 2　公共政策问题的发现

问题发现的渠道有公众意愿的直接表达、媒体的报道和政策主体的直接察觉。公众表达意愿的渠道也很多，比如和政府领导直接交流、写信等方式；媒体形式多样，渗透面广，能及时发现社会中各类问题；政策主体发现问题可以凭借调研人员，定期了解社会问题。

---

① 林水波、张世贤：《公共政策》，五南图书出版股份有限公司 2006 年版，第 40 页。

2. 公共政策问题的政治过程①

所谓公共政策问题的政治过程，就是公共政策的主体选择某个或某几个政策问题作为急需要解决的过程。

（1）议程的种类

公共政策议程可以分成很多类，但最基本的是系统议程与正式议程。系统议程是由不同层次的公众群体代表的社会权力系统所关注的公共政策议程，目的是为了追求群体价值和群体利益，它是由一些抽象的项目组成，概念和范畴很模糊，处于问题的发生阶段。正式议程是执政党领导的由政府代表的公共权力系统所关注的政策议程，目的是对全社会的价值进行权威性分配，它由较为具体的项目所组成，是公共问题认定的最后阶段。过程还可以细分为：界定问题的议程，即通过讨论，慎重确定政策问题；规划议程，主要是讨论需要优先解决的政策项目；议价议程，政策关系人就价值标准与利益进行讨价还价的争论；循环议程，不断地接受科学评估和利益修正。②

比如图书盗版问题，大众都已经意识到了它对社会的危害，并且通过媒体、座谈等方式表达了对图书盗版问题的关注，提出了相关的解决办法，这就是公共政策的系统议程；如果政府开始采取具体的措施将治理盗版问题纳入了议程，那就是公共政策的正式议程。

（2）议程设立的条件

议程设立的条件具体包括问题的发起者、个人或者组织团体、沟通的途径和政治过程。问题的发起者是事件或者人引发社会问题，然后个人或者组织团体会因为各自的利益相互竞争，希望将自身所关注的公共问题纳入政策议程。当然问题被引发后，还需要沟通的途径与政治过程，将问题纳入议程，比如人民代表将群众关注的问题带入人民代表大会议程。

----

① 关于公共政策问题的政治过程，很多学者在研究公共政策过程中，有不同的界定方式，其中最常见的"公共政策议程"，这里采用林水波教授、张世贤教授的划分方法，将公共政策问题的认定与政治过合二为一，其逻辑性更强，过程更加简洁。

② 林水波、张世贤：《公共政策》，五南图书出版股份有限公司2006年版，第104—107页。

（3）政府的角色

根据政府在议程中的积极程度，将政府的角色分为消极型和积极型：消极型政府虽有政府和大众的沟通渠道，但是他们不主动去发现问题，让大众自行界定问题，组织资源，设立目标，去寻求将公共问题反映给公共政策主体的途径；积极型政府担任更加主动的角色，帮助大众界定和表达问题，使得政府和大众之间的沟通渠道更加畅通，让政府能更容易发现社会公共问题。

（4）议程设立的途径

政策设立一般有六个途径：一是民意代表，他们将公众所关心的问题反映给政府；二是选举，通过选举公众可以表达其民意，能积极反映其民意者，公众通过选举进行支持，反之，则表示反对；三是利益集团，公众通过共同的目的结成团体，向决策者反映团体利益；四是政党，政党会针对整个社会公共问题，提出一整套方案，通过选举，成为执政党来实施整套方案；五是抗议活动，这是一种消极反映民意的方法；六是大众传播媒介，科技发展后，媒介在大众生活中扮演着重要角色，成为表达民意的一个工具。

（二）公共政策的规划

公共政策的规划是指针对未来公共问题提出切实可行的解决方案的动态过程。要理解这一过程，有必要详细了解公共政策规划的类型、介入者、原则、理论依据、方法和可行性分析。政策规划依据不同的标准可以将其分成不同的类型：一是按照问题本身的性质来分，有经济问题、环境问题等；二是按照政策规划的时间长短来分，有长期规划和短期规划等；三是按照规划的参与人员来分，有行政人员、科研人员、利益团体等不同的规划。具体的规划原则有公正的原则、连续的原则、资源利用最大化的原则和紧急的原则。具体来看，公共政策规划有制定流程、确定目标、设计方案等环节。

1. 公共政策规划的制定流程

公共政策规划的制定流程可以从宏观层面和微观层面两个方面来

看。从宏观层面，经过对公共政策环境的分析，其中产生的各种因素，比如政策资源、政策主体行为等，开始进入政策制定过程系统中，这个进入过程也是一个价值分配的判断过程，是认可或否定现有价值分配的过程。

从微观层面上看，公共政策规划的制定流程包括政策问题的诊断或政策问题的界定与确认、确立政策目标、拟定政策方案、政策决定等实施过程，这些过程是循环往复的。微观角度的政策规划流程是相当复杂的，它包含着一连串的小循环，是一个由多次反复循环构成的复杂过程。因为在这个流程中，政策主体会多次地诊断政策问题，反复地推敲政策目标。比如新闻出版总署颁布的《新闻出版业"十二五"时期发展规划》就是在分析我国整体"十二五"时期发展总体目标和我国新闻出版业发展基础之上开始规划的，形成初稿后，新闻出版总署以征求意见稿的形式下发到新闻出版业各个单位，然后将意见反馈到新闻出版总署，再对其进行修改。

2. 公共政策目标的确定

如上所述，公共政策过程是一个环环相扣的过程，公共政策问题规定了政策目标的方向，目标方向又限制着政策方案的具体内容。所以要制定合理的公共政策方案，目标要明确而合理。

在目标确立的过程中，影响因素是应该仔细分析的。具体有如下主要因素：一是前期政策实施的情况，因为公共政策是连续的，先行政策或先前政策实施的结果是确定后续政策要达到目标的一个依据；二是公共政策可利用的资源，因为资源是公共政策的基本保障，是政策目标选择的基础；三是公共政策制定主体的风险态度，态度决定了目标的风险形态，具体有稳健的目标和有风险的目标；四是公共政策制定时的社会总体宏观情况，包括政治因素、经济因素、技术因素等。

在目标确立的过程中，还要考虑内部结构性问题。因为公共政策产生于社会公共问题，包含了多方的利益矛盾，这些利益矛盾决定了政策目标不是单一的，而是多目标组合而成的体系。从纵向上说，目标体系包含了多个子目标,只有下一层次的子目标得到实现,上一层次的子目标才能实现,具体可以细分为长期目标、中期目标、短期目标,最低目标、中等目标、最高目标等。从横向来考察,政策目标有显性与隐性之分,显性即政策目标要明确,隐性即政策目标要有一定的预留空间来应对实施过程中的不确定性。

3. 公共政策的方案设计

公共政策的方案形成过程中,首先是政策各个利益相关方要达成共识,只有这样,政策最终才能出台。达成共识有三种具体的形式:一是交换,政策决策过程的结果就是要形成一定的规则,从而使公众利益得到平衡,在这个过程中,交换是主要手段与形式,具体表现为决策中两个或两个以上的决策者彼此调整立场和态度,以适应对方的某种利益需要,从而达成使各方都获得利益的协议行为;二是说服,指某一个决策主体以另一个决策主体为对象,试图证明自己在选择某一政策方案上所采取的立场,从而要求对方给予理解和支持的行为;三是强制,是某些决策者利用手中控制的权力、物质及其他优势,在选择政策方案时,迫使与自己利益不一致的决策者放弃原先所持的价值、立场、态度的行为。

达成共识之后,要开始对公共政策方案进行进一步的细化设计。其中要注意几个原则:一是方案的完备性,只有解决方案是完备的,才有解决问题的基础;二是方案的创新性,就是要有新的思路、办法去解决出现的问题;三是方案的可操作性,方案再好,缺乏实际的可操作性,也是行不通的。

(三)公共政策的合法化

C. O. Jones 指出:"在任何的政治系统中,均存在着两个层次的政策合法化,第一层次为政治系统取得统治正当性的过程;第二层次为政策取得法定地位的过程。"[①] 第一层次的合法性是指公共政策的主体通

---

① 转引自林水波、张世贤《公共政策》,五南图书出版股份有限公司 2006 年版,第 173 页。

过大众的授权取得合法的公共权力，第二层次是指合法取得公共权力的政治性组织依据相关的法律制定合法的公共政策。所以，公共政策的合法化是指法定的政策主体为使选定的政策方案获得合法地位，而依据法定的权限与程序对政策进行审查、通过、批准、签署和颁布的过程。

依据定义，首先公共政策的合法化需要有一个合法化的公共政策主体，主体的设置、编制、职权、职责、活动程序和方法要符合法律规范，这里主要是指国家行政机构，包括中央和地方的行政机构。其次是公共政策出台过程要合法，也就是政策合法化主体在自身合法权限内进行公共政策的审批、通过、批准。

（四）公共政策的执行

在经过公共政策的制定阶段后，公共政策开始进入执行阶段，即将一种政策付诸实施的各项活动，具体来说，就是负责执行的公共机关利用社会资源，化解社会矛盾，实现政策目标的过程。学界对这一阶段的研究非常重视，研究模式有很多，总结之后有三类：一是自上而下的分析模式，即从公共权力的中心开始，融合资源因素和环境因素，层层往下递推，实施公共政策；二是自下而上的分析模式，主要是产生于对自上而下的分析模式的批评，认为该模式忽略了底层执行者的意见，所以自下而上的分析模式修正了这一缺陷，将底层执行者对社会公共问题的意见作为政策执行的开始；三是两者的结合，构造一个循环结构的公共政策执行模式。在此阶段，决策层做出决策后，公共政策开始执行，中间融合了多方因素，实施后的结果会反馈到决策层，然后影响到下一步的公共政策执行。[①] 为深入了解公共政策的执行，有必要深入了解公共政策执行的性质和影响因素。

1. 公共政策执行的性质

公共政策执行是整个公共政策过程中的重要阶段，它是政策执行者有选择的、有组织的、复杂的行动过程。选择性体现为政策执行与执行

---

① ［美］小约瑟夫·斯图尔特、戴维·M. 赫奇、詹姆斯·P. 莱特斯：《公共政策导论》，韩红译，中国人民大学出版社 2011 年版，第 98—103 页。

者的能动性有关,同时也是基于利益的选择;组织性体现为政策实施必须有专门的组织来负责,政策执行必须有序地进行;复杂性体现在政策实施是一个精心操作的过程,涉及众多因素。其包含的重要性质如下:

(1) 公共政策执行是公共政策规划的连续

公共政策规划与公共政策执行两者相辅相成,前者是后者的基础,后者是前者落实的保障。公共政策规划得当、目标明确,那么执行起来事半功倍;在执行过程中,政策得到了完全的或比较好的执行,制定政策时确定的最为重要的目标才能得到落实,同时执行过程完善,对政策规划的反馈功能才能发挥作用,进而对公共政策规划的修正起到作用。

(2) 公共政策执行是由一系列行动构成的过程

众所周知,公共政策的执行并不是通过一次行动就能达到政策规划目标的,它是包含着政策执行者一连串的自觉与不自觉的、偶然的与必然的行动,具体来说有制定政策执行的计划、建立政策执行组织、招聘和培训政策执行人员、筹集和配备必要的物资和经费等。比如新闻出版总署实行"书号实名申领"制度,这项政策实施需要对在岗的编辑人员进行培训,同时筹集资金建立信息网络等。

(3) 公共政策执行是有组织的活动系统

执行政策是有组织的活动系统。研究公共政策执行的组织理论研究人员 C. P. Snow 曾经说过,将观念转化为行为的关键就是组织,他们将问题细化为具体、可以管理的工作项目,再将这些工作分配给专业化的人员来执行。[①] 以"书号实名申领"为例,新闻出版总署颁布该项政策,下行至各省市的新闻出版局,再下行至各家出版社,出版社则依托总编室建立单位的"书号实名申领"制度,所有行为构成了一个有组织的活动系统。

(4) 公共政策执行是一种利益协调

公共政策执行过程,从本质上看,就是政策执行主体与政策目标群

---

① 转引自林水波、张世贤《公共政策》,五南图书出版股份有限公司 2006 年版,第 234 页。

体通过相互作用对利益加以选择的过程。在公共政策的执行过程中，政策的制定者、政策的执行者以及目标群体等组织和团体，归根到底都是由个人构成的，非常关心自身利益。比如新闻出版总署鼓励有条件的出版单位进行跨地区经营，这其中就会牵涉到所跨地区自身的利益，会有利益的重新调整。

2. 公共政策执行的影响因素

影响公共政策制定的因素有三大部分：一是政策问题的可控程度，主要是与所处理社会问题的特点有关系；二是政策本身具有的条件；三是政策之外的条件。①

（1）政策问题的可控程度

政策问题有难易之分，对公共政策执行的影响自然不一样，容易解决的问题，公共政策执行起来相对容易，反之亦然。比如出版行业内的出版职业资格与盗版问题，两者相比较，前者明显容易解决。

问题的可控程度与如下具体因素相关：一是有效的技术理论和技术，比如治理电子图书盗版问题，就与电子图书的加密技术紧密相连；二是政策目标团体的行为及其个体数量，个体越多，行为越复杂，政策执行的难度就越大了；三是政策目标团体的合作程度，因为团体在形成过程中，会逐步发展出自身的一套行为模式，而政策的制定与实施会改变相对固定的行为模式，所以政策的绩效与团体的合作意愿直接相关。

（2）政策本身所具备的条件

具体包括：一是政策前期制定的情况，如果前期制定有合理的规划，目标清晰，同时符合国家法律规定，那么政策执行自然就会容易；二是政策资源，如果公共政策执行过程中的经费充足、执行人员的素质高、整体过程信息共享充分，对政策执行人员而言也会大大降低政策的执行难度。

---

① ［美］小约瑟夫·斯图尔特、戴维·M. 赫奇、詹姆斯·P. 莱特斯：《公共政策导论》，韩红译，中国人民大学出版社 2011 年版，第 100 页。

（3）政策本身之外的条件

具体包括公共政策目标人群的协作程度、经济和技术环境、组织间的沟通情况等。如果公共政策目标人群的协作程度高、社会的经济与技术发达，决策者、执行者、目标人群的沟通顺畅，那么就会利于公共政策的执行。

（五）公共政策的评估

公共政策无论大小，一旦制定和执行之后，因为利用了一定的社会公共资源，所以公众有必要知道公共政策的合理性与有效性，这个必要的过程就是公共政策的评估。公共政策的评估就是基于系统和客观资料收集与分析，来判断公共政策投入、产出、效率与影响的过程，从而为公共政策的调整提供科学的依据。

1. 公共政策评估的本质

学界对于公共政策评估的研究有很多文献，综合来看，主要观点是认为公共政策评估是依据一定的标准和程序，对政策过程的效果、效益、效率和公众回应进行判断、评定，从而决定公共政策变迁的活动。从这个定义中可以看出，公共政策评估具体涵盖四个环节的内容：一是规范，即通过收集公共政策制定和执行的相关资料，来建立科学的评估标准和程序；二是测度，对收集的信息进行分类整理，建立合理的测度体系；三是分析，利用评估标准，对政策执行的结果进行评定；四是评判，就是根据评估的结果对公共政策的调整提出相应的建议。

公共政策评估的作用可以从两个方面来看：一是对改进公共政策的积极作用，就是利用评估标准对公共政策的投入、产出效率进行评价，然后决定政策是否终止或者政策是否改进，从而提高公共政策的科学化、民主化水平，实现政策资源的有效配置；二是消极的作用，就是不合理地利用公共政策评估来获得个人或者团体的利益，比如规避责任、骗取社会公共资源等。

2. 影响公共政策评估的因素

公共政策评估需要大量的信息，这些信息来源于政策制定和执行过程中，来源于政策的整体环境中，其中一些直接影响到公共政策评估的质量：一是政策评估的目标，如果没有明确的目标，那么就很难建立科学的评估标准；二是明确的评估指标，目标清晰后，需要用指标对其量化，来对公共政策成功与否进行测定；三是政治影响，从某种意义上说，公共政策过程就是一种政治过程，公共政策的评估直接影响到某些政治家或者政治团体的利益，所以在评估过程中，他们基于自身的利益，会或多或少地施加影响；四是评估的成本，评估的成本如果占用政策项目太多的资源，那么政策评估就很难被通过。

3. 公共政策评估的步骤

公共政策评估过程包括公共政策评估准备、实施和总结三个步骤。

（1）公共政策评估的准备

首先是确立评估对象，有四类公共政策可以作为评估的对象，具体有正在执行的较为成熟的政策、实施效果与环境变化之间有明显因果关系的政策、评估的结论有代表性并有推广价值的政策、负面效应突出的政策等。然后是制定评估方案，具体包括五个因素即评估主体、评估对象、评估目的、评估标准、评估方法。最后是组织和设备准备，具体包括成立评估机构，选择评估人员，提供相关的物资准备。

（2）公共政策评估的实施

首先是对收集到的公共政策实施信息进行整理，可以采用座谈、问卷等多种调查方法，要求数据是系统的、精细的和准确的。然后对信息进行统计分析，要对评估信息进行定性和定量的分析。定性分析时，要将信息分成充分肯定、基本肯定、部分否定、基本否定四个级别；定量分析时，要把信息分解成多个单项指标，并对每个单项指标在综合指标体系中的权重作出合理规定。无论定性还是定量分析，都要运用科学的评估方法。

（3）公共政策评估的总结

这一阶段主要包含两项工作内容：一是提交总体公共政策评估报告，包括对政策的制定与实施进行总体的评价和对政策的调整提出建议；二是对公共政策评估活动作出整体总结，包括对评估结构的效率、资金使用的效率、评估过程设置的合理程度等进行总结。

（六）公共政策的调整

公共政策评估之后，对于公共政策的整体实施效率有了明确的认识，应该对公共政策进行适当的调整：一是对于评估结果好的政策，需要进行维持；二是对于评估结果一般，其中有许多需要改进的建议的政策，需要对其进行修正；三是对于评估结果很差的公共政策，需要终止其运作。

1. 公共政策的修正

公共政策的修正是指针对不能很好解决政策问题的现行政策内容进行修改的行为。公共政策修正的具体原因有：一是公共政策的制定者或者决策者对于其政策领域的活动正在逐步扩大，比如图书盗版问题，随着数字技术的发展，图书盗版范围扩展到数字图书领域，那么治理图书盗版的政策也应该进行及时修正，延伸到数字图书领域；二是公共政策的某些部分会出现社会负效应，比如稿酬制度，随着社会的发展，稿酬标准制定过低会影响作者的积极性，就有必要对稿酬标准进行调整。

2. 公共政策的终止

公共政策的终止是指一项公共政策已经失去了其功用，掌握公共权力的政治性组织采用强制性手段对其加以取消的行为。一般来讲，在如下两种情况下，公共政策会被终止：一是公共政策的客体，即政策问题已经被解决，目标已经实现，该政策应该自动被终止；二是制定出来的公共政策在实施后，经过评估，不能解决政策问题，并且已经耗费了一定的社会资源，在这种情况下，政策的决策者应该取消原有政策，重新进行政策规划。总体来看，政策终止是政策周期中的一个环节，它既是一个政策的结束点，也是一项新政策的起点。

公共政策终止的作用具体体现在两个方面：一是节省社会资源，政策的制定、实施总是需要耗费一定的社会资源，无论问题能否得到解决，原有政策继续下去只能浪费社会资源；二是促进政策优化，原有的政策出现的问题可以作为新政策的借鉴，从而优化政策内容。

# 第二节　产业政策理论

产业政策是公共政策的一个组成部分，侧重点在于产业经济方面，它是政府①对产业发展选择作为或者不作为的一种行为。在学界，产业政策是作为产业经济学的一个组成部分，它是产业发展理论、产业结构理论和产业组织理论在公共政策领域中的实际应用，反过来，产业政策在实践中的经验也成为产业经济学的研究基础。所以，总体来看，产业政策是以公共政策学和产业经济学为基础在产业经济发展中进行实践的结果。

产业政策理论涉及出版产业政策理论构建的内容，主要包括如下两个方面：一是产业政策的解析，目的是为出版产业的定义、作用提供分析理论；二是产业政策类型，目的是为出版产业政策体系的构成提供分析理论。

## 一　产业政策解析

产业政策的解析主要包括三个部分：一是产业政策的内涵，主要包括对产业政策的定义与其存在理论的分析；二是从历史角度对产业政策起源进行分析；三是产业政策的作用分析。

（一）产业政策的内涵

1. 产业政策的定义

"产业政策"一词来源非常明确，它是日本通产省的代表在 1970 年的经济合作与发展组织（OECD）大会上正式提出的②，但是有关产

---

① 公共政策的制定和实施主体是掌握公共权力的政治组织，包括政府、议会、执政党等，其中政府是制定和实施公共政策的主要组织，因此下文中，除非特别说明，一般用"政府"来作为"掌握公共权力政治组织"的主要代表。

② 芮明杰：《产业经济学》，上海财经大学出版社 2005 年版，第 457 页。

业政策的具体含义，学界却少有统一的说法，有的学者认为产业政策是后进国家在努力赶超发达国家时采用的政策总称，有的学者认为产业政策就是为了加强本国产业的国际竞争，还有的学者认为是政府出台有关产业政策的总和……总之，学界有关产业政策的定义，分歧还是很大的。

笔者认为，要清晰定义"产业政策"，首先有必要对"产业"一词有清晰的界定。有关产业定义，各家观点如下。芮明杰认为："产业经济学中的产业概念有广义和狭义之分。广义的产业概念是指国民经济中的各行各业……狭义的产业概念是指工业或者称为制造业内部的各种工业部门或者行业"，"广义或者狭义的产业概念在本质上并无区别，在使用中，只要注意这种产业是以什么样的特征而区分决定的企业集合便可……本质上看……是一些具有相同生产技术或产品特性的企业集合"。① 徐传谌、谢地认为："产业是指具有某类共同特征的企业集合"；产业分类法方面，有马克思的两大部类分类法，"马克思在分析社会资本简单再生产和扩大再生产的实现条件时根据产品的最终用途，把社会物质部门分为两大部类，即生产生产资料的第 I 部类和生产消费资料的第 II 部类"；还有农轻重产业分类法，"……是前苏联及其他社会主义国家的经济系统中经常采用的一种分类法。它是将经济活动中的物质生产部门划分成农业、轻工业、重工业……"。② 史忠良认为："一个产业是具有某种同一属性的经济活动集合……对产业划分了若干层次……以同一商品市场为单位的产业是第一层；以技术、工艺的相似性为根据划分的产业是第二层；大致以经济活动的阶段性为根据将国民经济划分为若干部分的产业是第三层。"③ 从上述观点可以看出，产业就是具有同一经济属性的企业集合，具体的分类可以依据不同的标准而有不同的划分方法。

---

① 芮明杰：《产业经济学》，上海财经大学出版社 2005 年版，第 6 页。
② 徐传谌、谢地：《产业经济学》，科学出版社 2007 年版，第 3—9 页。
③ 史忠良：《新编产业经济学》，中国社会科学出版社 2007 年版，第 1 页。

在"产业"含义界定的基础上，来对"产业政策"一词进行界定。芮明杰认为："产业政策的涵义可以界定为：针对市场经济运作中可能出现的市场失灵和错误导向，政府为修正市场机制作用和优化经济发展过程，对产业发展、产业结构的调整和产业组织所采取的各种经济政策总和"，"广义的产业政策是指政府对产业经济进行干预的各种政策的总和。按照这一理解，可以说随着农牧业的出现和国家政权的产生，产业政策就开始发挥它的作用了。据一些学者研究，在我国春秋战国时期、古埃及和古巴比伦的历史记载中都已经出现了产业政策的雏形"。① 徐传谌、谢地认为："产业政策是政府为了实现一定的经济和社会目标对产业活动进行干预而制定的各种政策的总和……产业政策的实质，是针对产业活动中出现的资源配置的市场失灵情况而实行的政策性干预。"② 史忠良认为："产业政策是政府将宏观管理深入到社会再生产过程之中，对以市场机制为基础的产业结构、产业技术、产业组织和产业布局进行定向调控，以实现某种经济和社会目标的一系列政策的总和。"③ 总体来看，上述学者的观点差异不大，只是对产业政策的定义角度不同：产业政策可以从宏观和微观两个层面来定义，宏观层面就是政府对产业经济进行管理的各种政策总和；微观层面阐释了产业政策的具体内容，即为弥补市场机制的运作缺陷，政府对产业的发展、结构、组织各层面采取政策的总和。

从本质上看，产业政策是政府干预市场经济的一种手段，目的是整体经济的健康发展。

2. 产业政策产生的理论依据

产业政策产生和存在的理论依据主要有三种，即"市场失灵说""赶超战略说""国际竞争说"。

"市场失灵说"源起欧美和日本，欧美研究者认为市场机制在其资

---

① 芮明杰：《产业经济学》，上海财经大学出版社 2005 年版，第 455—456 页。
② 徐传谌、谢地：《产业经济学》，科学出版社 2007 年版，第 311 页。
③ 史忠良：《新编产业经济学》，中国社会科学出版社 2007 年版，第 1 页。

源配置的过程中，有自身的缺陷，应该用产业政策来加以弥补，尽管有这样的认识，但是他们对产业政策的有效性还是保持怀疑态度，认为产业政策的实质就是计划机制，所以总体来看，他们还是信奉自由市场机制，政府只是在少数产业通过产业政策进行管理。相对于欧美政府，日本对于产业政策的运用要积极得多，日本政府设立了专门的产业政策机构来进行系统化的产业政策制定。日本研究者认为，产业政策的核心就是政府为使经济达到最优化运行而实施的干预行为，如日本原通产省经济研究所所长小宫隆太郎就认为产业政策的核心就是为了应对市场在资源配置方面的失败，他们认为产业政策不但有效，而且在实际的经济运行中还非常必要。①

"赶超战略说"源于政府部门的官员，特别是不发达国家的政府官员，他们认为政府需要采用产业政策这种积极干预经济的手段，将本国的后发优势发挥出来，赶超发达国家。日本经济学家并木信义就持这样的观点，他认为："产业政策就是当一国的产业处于比其他国家落后的状态，或者有可能落后于其他国家时，为加强本国产业所采取的各种政策。"②

"国际竞争说"认为政府采用产业政策来发展本国优势产业，是为了满足更好地参与国际竞争的需要。美国学者约翰逊就认为："产业政策是政府为了取得在全球的竞争力，在国内发展或限制各种产业的有关活动的总的概括。作为一个政策体系，产业政策是经济政策三角形的第三条边，它是对货币政策和财政政策的补充。"③

（二）产业政策的起源

如上所述，产业政策起源于政府对产业经济进行干预的行为。从这个角度看，人类社会很早就有了产业政策，据相关的文献记载，在我国春秋时期、古埃及、古巴比伦的历史记录中都出现了产业政策的

① 芮明杰：《产业经济学》，上海财经大学出版社2005年版，第454页。
② 芮明杰：《产业经济学》，上海财经大学出版社2005年版，第454页。
③ 芮明杰：《产业经济学》，上海财经大学出版社2005年版，第454页。

雏形。

现代意义上的产业政策源于工业化飞速发展的西欧。[①] 17 世纪英国的重商主义者在经济管理方面，着重强调政府应该利用公共权力的强制力，全面干预经济发展。到了 19 世纪，产业政策理论与实践得到了进一步的发展。在众多研究者中，德国经济学家李斯特的观点广受瞩目，他认为世界上各个国家之间的经济实力是不平衡的，这就注定其竞争也是不平衡的，其中经济落后的国家就需要政府出台政策对本国的产业进行保护。[②] 同时期的美国政府则遵循自由市场的理念，对其产业发展采取了自由竞争的发展策略，任其发展，当然，其中也出台了一些辅助性的产业政策，比如采用关税保护本国弱小产业、完善公司所有权制度来加强公司的正规化管理。

在日本经济现代化过程中，其产业政策功不可没。自明治维新开始，日本政府就积极利用产业政策这一手段来促进产业的发展。比如在 1870 年日本政府设立了工部省，其主要职能就是通过该部门系统地制定和实施产业技术政策；1886 年日本政府颁布《兴业意见书》，第一次系统地制定出产业发展的具体政策措施。[③]

从 1949 年中华人民共和国成立到 1978 年，我国政府在这一历史阶段实行的是计划经济体制，国内所有的产业发展都是由政府统一进行规划的，这个阶段的产业政策有其实而无其名。在 20 世纪 80 年代，我国政府正式开始提出产业政策，这个时期是我国开始进行改革开放的时期，目的是全面建设社会主义经济，此时，政府开始采用产业政策来发展产业经济，而且对这一手段非常重视，一直延续到现在。比如，政府发布的《中华人民共和国国民经济和社会发展第十二个五年规划纲要》，其中第三篇"转型升级，提高产业核心竞争力"、第四篇"营造环境，推动服务业大发展"、第五篇"优化格局，促进区域协调发展和

---

① 芮明杰：《产业经济学》，上海财经大学出版社 2005 年版，第 456—457 页。

② 芮明杰：《产业经济学》，上海财经大学出版社 2005 年版，第 457 页。

③ 徐传谌、谢地：《产业经济学》，科学出版社 2007 年版，第 312 页。

城镇化健康发展"的具体内容都属于产业政策的内容。①

（三）产业政策的作用

产业政策的作用主要体现在弥补市场机制不足、加快经济发展速度、优化产业发展等几个方面。在弥补市场机制不足方面，首先政府通过产业政策可以来克服市场垄断带来的资源配置不完美的情况，在市场出现垄断情况后，市场机制很难自我调整进行修复，只有通过产业政策的引导和调节来达到社会资源最优配置；其次是加快经济发展速度，德国经济学家李斯特认为工业化起步晚的国家，可以通过产业政策来培育自己国家的产业优势，从而加快经济发展速度，赶上发达国家，产业政策的这一点作用在日本战后的经济发展中体现得尤为明显；再次，产业政策在优化产业发展方面，能够调整产业结构，使产业均衡发展，同时还能够鼓励产业新技术的发展等。

当然，产业政策和其他公共政策一样，不是十全十美的，也有自身的局限性。具体体现在：一是市场有失灵的时候，政府也是一样的，也会有机制失调的情况，其出台的产业政策可能不但不能弥补市场机制的不足，反而使产业发展情况更糟糕，因为政府在出台产业政策的时候，由于受信息、资源等方面的限制，很可能导致产业政策和产业发展中的问题不匹配；二是产业政策在发展产业方面，并非对所有产业都有效，根据相关学者研究，产业政策对那些产出弹性大、生产效率好的产业有明显的效果；②三是产业政策在其实施过程中要耗费大量的资源，如不能很好地控制政策的"投入—产出"效应的话，那么就会造成社会资源的浪费。

## 二 产业政策类型

产业政策根据不同的分类标准，有不同的分类。根据产业政策作用

---

① 《中华人民共和国国民经济和社会发展第十二个五年规划纲要》，人民网（http://politics.people.com.cn），2011年3月16日。

② 芮明杰：《产业经济学》，上海财经大学出版社2005年版，第464页。

对象来分，可以分成农业政策、工业政策、服务业政策等；根据产业政策的时效来分，可以分为长期产业政策、中期产业政策和短期产业政策；根据产业不同的发展周期来分，可以分为产业形成期政策、产业成长期政策、产业成熟期政策和产业衰退期政策；根据产业政策的内容来分，可分为产业发展政策、产业组织政策、产业结构政策。

　　本书的产业政策分类将按照产业政策的内容来进行，但是学界依据这个标准对产业政策进行分类，也有不同之处：有学者将产业政策划分为产业组织政策、产业结构政策、产业技术政策和产业布局政策，比如徐传谌、谢地主编的《产业经济学》一书中就采用的这种分类；① 有学者将产业政策划分为产业结构政策、产业组织政策、产业布局政策和产业发展政策，比如史忠良主编的《新编产业经济学》一书中就采用的这种分类；② 也有学者将产业政策划分为产业组织政策、产业结构政策、产业发展政策，比如芮明杰主编的《产业经济学》一书中就采用这种分类。③

　　上述学者的划分方法，在产业结构政策和产业组织政策上的分类是统一的，只是在产业发展政策、产业技术政策和产业布局政策上有分歧，笔者认为将产业技术政策和产业布局政策纳入产业发展政策，并将产业发展政策进一步扩充为产业外贸政策、产业金融政策和产业可持续发展政策等，使得整个分类更加完整、简洁且具有更强的逻辑性。所以本书采用了芮明杰等人的划分方法，将产业政策划分为产业发展政策、产业结构政策和产业组织政策，具体如图 2 - 3 所示。

（一）产业发展政策

1. 产业发展政策的概念与特点

　　产业发展政策主要源自于"经济赶超说"，主要是日本和韩国在第二次世界大战后经济发展过程中，政府广泛应用产业政策所取得的实践

---

　　① 徐传谌、谢地：《产业经济学》，科学出版社 2007 年版，第 311—338 页。
　　② 史忠良：《新编产业经济学》，中国社会科学出版社 2007 年版，第 429—460 页。
　　③ 芮明杰：《产业经济学》，上海财经大学出版社 2005 年版，第 453—520 页。

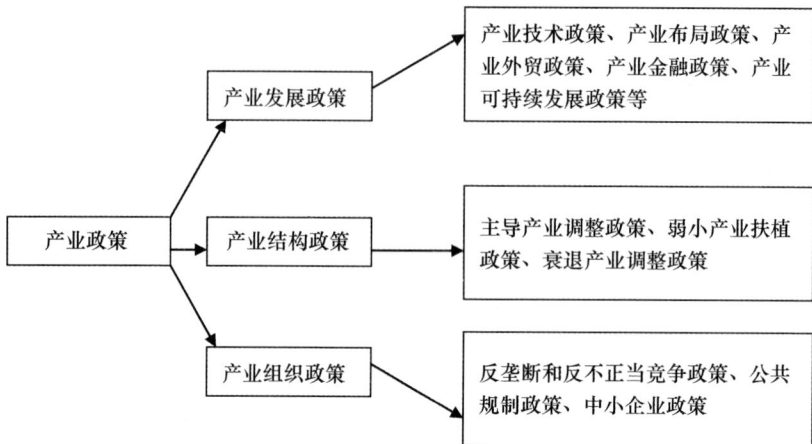

图 2 - 3　产业政策的内容分类

经验。芮明杰将"产业发展政策"的概念界定为："一国政府为特定产业的结构调整和升级，全面提高产业国际竞争力，以技术创新、组织结构合理化、优化空间布局等为手段，满足消费者需求，促进产业持续健康发展，所制定或采取的各种政策总和。"① 史忠良认为："产业发展政策是指为了促进产业形成和发展而制定的一系列具体政策的总称。"② 这两位学者对"产业发展政策"的定义所选取的角度不同，芮明杰强调了产业发展政策所采取的手段，史忠良则强调了产业发展政策的功能，结合起来看，产业发展政策就是政府为促进产业发展，通过刺激产业技术创新、优化产业空间布局、扩大产业进出口等手段而采取的一系列政策的总称。

产业发展政策的特点主要体现在如下两个方面：一是目标的多元性，产业发展政策与产业结构政策和产业组织政策的目标指向单一不同，针对产业发展的具体目标是多元的，它具体涵盖了产业技术创新要

---

① 芮明杰：《产业经济学》，上海财经大学出版社 2005 年版，第 470 页。
② 史忠良：《新编产业经济学》，中国社会科学出版社 2007 年版，第 451 页。

求、产业的空间布局要求、产业进出口贸易要求等；二是产业发展的指导性，即产业发展政策所采用的刺激产业发展的手段是以指导性为主的，也就是说政策在资源配置方面还是以市场配置为基础，不采用直接干预的方法，比如印刷业的数字技术政策，政府在制定和实施的时候，不会强制否定传统印刷技术，而是通过资金支持、税收优惠等间接调配手段来鼓励数字技术在印刷业的运用。

2. 产业发展政策的内容

产业发展政策根据产业政策的目标取向不同，可以进一步细分为产业技术政策、产业布局政策、产业外贸政策、产业金融政策和产业可持续发展政策。

（1）产业技术政策

产业技术政策是指政府对产业技术发展实施指导、选择、促进与控制的政策的总和，它的主要目的是保证产业技术的科学发展。发展产业技术政策主要是因为单凭市场机制来发展产业技术是有限的，而且现代技术日益呈现高精尖的特征，开发成本巨大，单一企业难以支撑，所以政府有必要通过政策手段提供相应的技术支持。

产业技术政策的主要内容包括如下两种。一是产业技术研究与开发援助政策，主要是指政府对依靠本国的科研机构进行新产业技术、工艺的研发与推广行为进行支持的政策，具体是通过知识产权保护、资金支持等手段来进行的，比如我国的《国家"十二五"科学和技术发展规划》，该规划提出在我国的"十二五"期间，我国政府要加大对新兴产业的科研投入力度，实施一部分科技重点项目；同时要攻关涉及产业升级的核心技术。[①] 二是新技术引进政策，主要是指通过投入资金、合资等多种方式鼓励引进发达国家先进技术的政策，因为各国在发展过程中，由于历史的因素，形成了各国的技术优势，所以处于技术劣势的国家可以通过技术引进的手段来发展本国的产业。

--------

① 中华人民共和国科学技术部：《国家"十二五"科学和技术发展规划》（http://www. most. gov. cn），2011 年 7 月 4 日。

（2）产业布局政策

产业布局政策是指政府在一定时期为实现产业的合理布局而采取的调整产业空间结构的政策总和。实施产业布局政策的缘由是因为国与国之间、地区与地区之间有自然资源、资本和人口等要素的空间差异，从而造成了产业发展之间的不平衡，为使整体产业更好发展，就有必要实施产业布局政策，使得不同的国家和地区依靠自身的优势资源进入产业发展过程，从而带动整体产业的平衡发展。

产业布局政策具体包括三个层次的内容：一是中央宏观总体布局政策，主要是指产业发展的重点区域选择、区域主导产业选择以及产业分工与协作关系的协调；二是地方局部布局政策，主要有制定和实施地区产业发展计划，从而确定该地区在产业内的比较优势和竞争优势；三是微观层面的企业个体布局政策，即政府通过对个体企业经营中的厂址选择、生产布局、服务网络布局的具体干预，从而促进企业布局合理化的一种政策。

（3）产业外贸政策

产业外贸政策是指一个国家的产业在对外贸易过程中，政府所采取的限制或者保护性的政策总和。具体来看，产业外贸政策可以分为两类：一是进口限制政策，实质是保护本国的产业发展，特别是当本国产业处于发展初期，比如新闻出版总署于 2011 年 4 月 6 日开始实施的《音像制品进口管理办法》的第七条就明确指出，"国家对设立音像制品成品进口单位实行许可制度"①；二是出口扶持政策，政府一般是采用税收、金融、货币政策直接或者间接扶持、引导企业出口。

（4）产业金融政策

产业金融政策是指一国的产业在发展过程中，政府利用金融手段来调整产业发展的政策总和。具体而言，金融政策是与其他的产业政策相互交融的，即通过产业布局政策、产业技术政策和产业外贸政策来实现

---

① 中华人民共和国新闻出版总署：《政府信息公开》（http：//www.gapp.gov.cn），2011年4月20日。

的。对于产业而言，良好的产业金融政策为产业的平稳发展提供保障。

（5）产业可持续发展政策

产业可持续发展是一种新型的产业发展模式，要求产业在发展过程中，尽量消耗较少的能源，注重产业现代与未来发展之间的平衡性和协调性，产业可持续发展政策就是鼓励这种模式的产业发展。此类政策的提出，与现代产业发展中对资源掠夺性的发展所带来的人类环境恶化相关。比如新闻出版总署颁布的《新闻出版业"十二五"时期发展规划》中对于印刷业的规划就有可持续发展政策的内容："……大力推动绿色印刷发展，以数字印刷、数字化工作流程、CTP 和数字化管理系统为重点，在全行业推广数字化技术……"①

（二）产业结构政策

1. 产业结构政策概述

芮明杰对产业结构政策的定义是："产业结构政策是指一国政府依据本国在一定时期内的具体情况，遵循产业演进的一般规律和一定时期内的变化趋势，制定并实施的有关产业部门之间资源配置方式、产业间及产业部门间比例关系，以促进产业结构向协调化和集约化方向发展的一系列政策措施的总和。"② 从这个定义可以看出产业结构政策的目标主要是促进产业结构的合理化，具体来说，一是促进产业间结构的合理化发展，即根据本国的实际情况，选择主导产业，培育支柱产业，保护幼稚产业，调整衰退产业；二是促进产业内部结构的合理化发展，即因为技术或者市场的变化导致产业内部的子产业分裂为传统产业和新兴产业，在稳定传统产业的同时，应该积极发展新兴产业。

2. 产业结构政策的内容

根据上面分析的产业结构政策目的，可以从两个角度来划分产业结构政策的内容，一是产业间的结构角度，即选择主导产业，培育支柱产

① 新闻出版总署：《新闻出版业"十二五"时期发展规划》（http：//www. gapp. gov. cn），2011 年 4 月 20 日。

② 芮明杰：《产业经济学》，上海财经大学出版社 2005 年版，第 484 页。

业，保护幼稚产业，调整衰退产业；二是从产业内部结构的角度，即稳定传统产业，发展新兴产业。

（1）从产业间结构来划分产业结构政策

①选择主导产业

主导产业是指在一国经济发展的某阶段，若干产业部门对产业结构和经济发展具有主导作用的产业。主要特征有：一是具备良好的发展前景，由于主导产业引入了创新机制，使得产业技术更新较快，从而提高了产业生产率，同时也通过创新机制进一步创造新的市场需求，有发展前景；二是具有产业扩散效应和关联效应，即主导产业能够通过自身的发展带动起上下游产业的共同发展。

主导产业的选择标准有如下几个：一是需求收入弹性标准，这是由日本的经济学家筱原三代平教授提出来的，即产业产出的需求增长率除以国民收入增长率，不同的产业在不同的发展阶段，其需求收入弹性是不同的，弹性越高，成为主导产业的可能性越大；二是生产率上升标准，同样是由日本经济学家筱原三代平教授提出来的，即产业的生产率增加越快，证明该产业的市场潜力越大，越有发展前景；三是产业关联度标准，罗斯托教授认为主导产业应该选择关联效应强的，通过其后向、旁侧和前向的影响，带动其他产业的发展。

主导产业选择好了以后，就要通过一定的支持为主导产业的发展提供良好的环境，加大对产业的扶植和保护力度，积极推动产业技术创新。

②培育支柱产业

支柱产业是指在国家经济发展中占有重要地位的产业。主要特征有：一是其产值占国民经济比重大，同时该产业的产品需求收入弹性大；二是该产业的市场份额大；三是产业技术发展成熟，且水平较高。只有具备了以上三个特征才能成为一国的支柱产业。

培育支柱产业主要从两个方面入手：一是积极提高支柱产业的技术研发水平，在提高产业生产率的同时，延长产业的生命周期；二是加快主导产业向支柱产业的转变，因为主导产业虽然前景广阔，但是还不是对国家经济贡献最大的产业即支柱产业，这种转变也不是必然的，政府应该通过税收优惠、价格补贴等手段，增大转变的可能性。

③保护幼稚产业

幼稚产业是相对于发达国家的同类成熟产业而言的，它是新建立的对于一国经济发展所必需的、同时处于幼稚阶段的产业。

在幼稚产业的保护方面，政府可以采用两大类保护措施：一是国际贸易保护政策，主要包括关税保护和非关税保护措施，其中后者主要有进口配额、许可、投资和贸易方面的歧视性要求等；二是国内生产扶持政策，主要包括财政税收扶持政策、金融扶持政策、技术扶植保护、直接规制扶植保护等。

④调整衰退产业

从产业生命周期理论来看，衰退产业是指经历了产业形成期、成长期、成熟期之后，进入到衰退阶段的产业。其产业具体的特征是，产业所生产的产品在市场上的销量急剧下降，同时其产业技术无创新趋势，进而无法创造新的市场需求量；另外，具有替代作用的新兴产业产品在市场上的需求量和销量都呈上升趋势。

调整衰退产业的政策方向是创造合适条件让衰退产业进行有序撤退，同时引导资本存量向高增长率产业部门进行有效转移。具体的调整政策有：一是加速设备折旧，采用促进折旧的特别税制，同时对因设备报废而产生的损失提供部分补偿来加速设备折旧；二是促进转产，政府对衰退产业的相关企业，提供新生产技术与工艺、资金，加速产业转换过程；三是提供管理援助，主要是对衰退产业的生产剩余人员进行合理安置。

（2）从产业内部结构来划分产业结构政策

从产业内部角度来看，产业结构政策可以分为稳定传统产业与发展新兴产业的政策，划分标准是以产业内部的技术更新为标准，由于社会科技的不断发展与市场持续的压力，产业内部对于生产技术也是持续更新的。量变引起质变，当技术更新到了一定程度的时候，其产业内部开始分化为传统产业与新兴产业，此时，产业政策应该对传统产业进行稳定维持，对新兴产业进行积极支持。

传统产业是指在管理方式、生产技术与生产工艺方面，比较落后的产业，产出效率较低，同时市场前景较差。因为一个产业所占有的社会资源巨大，在短期内让传统产业转换为新兴产业的可能性较小，所以此时的政府应该提供技术改造、资金支持来稳定传统产业。新兴产业由于有新技术的支撑，市场潜力较大，政府应该积极提供资金、人才等支持，鼓励其迅速发展壮大。

（三）产业组织政策

1. 产业组织政策概述

芮明杰将产业组织政策定义为："产业组织政策是政府为达到维护有效的市场竞争的目的而制定和采用的调整市场结构、规范市场行为的产业政策。"[1] 实质是促进市场内企业的有效竞争，维持正常的市场秩序。

有关产业组织政策的具体目标，美国经济学家贝恩曾提出六个要素："一是企业应达到并能够有效地利用规模经济，市场的供给主要应由达到经济规模的企业承担，企业应有较高的开工率；二是不应出现某些产业或企业长期获得超额利润或长期亏损的情况，从较长时间来看，各产业的资本利润率应是比较均等的；三是较快的技术进步，主要指技术和产品开发、革新活动有效且比较充分；四是不存在过多的销售费用；五是产品的质量和服务水平较高，并具有多样性，以适应提高大众福利和消费水平的要求；六是能够有效地利用自然资源。"[2]

产业组织政策的分类随着标准的不同而不同。从政策内容的角度来看，产业组织政策可以分为三类：一是反垄断规制，主要是通过相关法律来限制市场垄断，提高市场运行效率；二是经济规制，主要是利用行政方式对企业的经济行为进行限制，比如企业的价格、产量、市场准入

---

① 芮明杰：《产业经济学》，上海财经大学出版社2005年版，第502页。
② 转引自芮明杰《产业经济学》，上海财经大学出版社2005年版，第503页。

方面等；三是社会规制，主要针对产业在运行过程中对社会安全、环境、公民健康方面产生影响的管理。从政策的价值取向角度来看，可分为两大类：一是促进产业内部竞争的政策，主要是反对市场垄断、不正当竞争行为，目的在于维持正常的市场秩序；二是鼓励专业化和规模经济的产业发展政策，目的在于限制产业内的过度竞争。从政策对象的角度来看，也可以分为两大类：一是市场结构控制政策，主要是从市场结构方面禁止或限制垄断的政策，比如降低市场进入壁垒，控制市场集中度等；二是市场行为控制政策，主要是从市场行为角度控制各种妨碍竞争和不公正交易行为的发生。

具体的产业组织政策手段是针对不同的产业组织政策类型而有不同。反垄断规制，主要是利用法律手段；经济规制的手段比较多，比如控制市场价格、控制产量、控制企业的进入与退出等；社会规则主要是建立相关的行业标准。

2. 产业组织政策的核心内容

（1）反垄断和反不正当竞争政策

反垄断和反不正当竞争政策源于垄断企业利用其市场地位侵害消费者利益，从而造成市场运行的低效率。具体反垄断政策的内容有如下两类：一是对形成的垄断企业进行分割，比如 1984 年美国司法部依据《反托拉斯法》拆分 AT&T，分拆出一个继承了母公司名称的新 AT&T 公司（专营长途电话业务）和七个本地电话公司，使得美国电信业进入了竞争时代；二是限制企业的并购，比如 2009 年 3 月 18 日，中国商务部根据《中华人民共和国反垄断法》禁止可口可乐公司收购汇源公司，其理由就是避免饮料市场形成垄断。反不正当竞争政策的具体内容有限制企业间的价格共谋行为、禁止非法的价格歧视、禁止搭配销售和排他性交易、禁止欺诈行为等。

各国的反垄断和反不正当竞争政策由于各自国情的不同，而形成了具有自身特点的反垄断和反不正当竞争政策体系：一是美国，美国是世界上最早建立反托拉斯法的国家，政策体系是以三大核心法规为基础的，即《1890 年谢尔曼反托拉斯法》《1914 年克莱顿法》《1914 年联邦贸易委员会法》，还包括一些修正案、法规和判例等作为补充，目的就是最大化地维持美国市场的充分竞争；二是欧盟，欧盟的反垄断和反不正当竞争政策体系是以 1957 年的《欧盟经济共同体条约》为基础的，目的就是通过一体化的竞争政策来推动欧洲共同市场的发展，从而促进欧洲联盟内部一体化经济的发展。①

我国也在历史探索中逐步形成了自己的反垄断和反不正当竞争政策体系：1993 年 9 月，第八届全国人民代表大会常务委员会第三次会议通过了《中华人民共和国反不正当竞争法》，并于当年 12 月 1 日实施；1997 年 12 月中华人民共和国第八届全国人民代表大会常务委员会第二十九次会议通过了《中华人民共和国价格法》；2007 年 8 月 30 日中华人民共和国第十届全国人民代表大会常务委员会第二十九次会议通过了《中华人民共和国反垄断法》。

（2）经济规制

经济规制的目的是对企业竞争进行直接管制，改变资源配置的低效率，从而确保产业内部的合理竞争。经济规制的具体内容有：一是直接的价格管制；二是对市场经济主体进入或退出市场的条件进行限定；三是对市场经济主体的运营进行监督；四是直接的数量管制，即以政府规定的数量为准，限定经济主体提供产品和服务的数量；五是对生产质量的控制，即政府确定产品或服务的质量标准，以保证产品的质量和消费者的安全；六是制定企业生产的环境保护标准，以减少企业在生产过程中的污染，促进经济长期可持续发展。

## 第三节　出版产业政策体系基础理论

本节的论述将以上文的公共政策和产业政策的理论为基础，结合我

---

① 赵伯祥：《国外反垄断与竞争政策的演进及对我国的启示》，《未来与发展》2007 年第 8 期。

国出版产业的实际情况，来界定出版产业政策的内涵，主要包括解析出版产业政策的定义、特点、功能与其具体的过程。

### 一　出版产业政策解析

根据前文论述，笔者认为广义的出版产业政策可以定义为，政府对出版产业发展进行干预的各种政策总和。具体来看出版产业政策的界定，笔者认为可以依据资源配置的方式而有不同：计划经济体制下，出版产业政策就是政府为实现计划经济而对出版产业发展、出版产业结构和出版产业组织所做的各种经济政策总和；市场经济体制下，出版产业政策就是政府为优化市场经济发展而对出版产业发展、出版产业结构和出版产业组织所做的各种经济政策总和。

针对市场经济发展的不同阶段，市场机制下的出版产业政策可进一步细分定义：一是出版市场化程度较低的阶段，出版产业政策主要是政府为加强出版产业的发展，积极引入市场机制，对出版产业发展、出版产业结构和出版产业组织所做的各种经济政策总和；二是在出版市场化的成熟阶段，具体定义为针对出版产业发展过程中的市场机制失灵，政府为弥补市场机制的不足，对出版产业发展、出版产业结构和出版产业组织所做的各种经济政策总和。当前，我国出版产业的市场化程度不高，市场机制还在进一步完善之中，产业政策的主要目标不是去弥补市场机制的不足，而是进一步积极引入市场机制，有关产业政策当前的主要目标，后面会有详细的论述。

从这个定义中，可以看到出版产业政策的三个关键要素：一是产业政策的制定主体是涉及出版产业管理的党政部门，主要是指我国新闻出版行政管理部门；二是出版产业政策的目的是解决出版产业在发展过程中的问题，这个问题依据出版市场化的程度分成了两个阶段，即积极引入市场机制和弥补市场机制不足；三是具体的政策类别有产业发展政策、产业结构政策和产业组织政策。

## 二 出版产业政策的特点与功能

### (一) 出版产业政策的特点

出版产业政策是公共政策的一种，因此它也具有公共政策的如下特征：一是政治性与公正性，即出版产业政策反映了掌握公共权力的政治性组织对于出版产业的利益要求，同时也反映了整个产业发展的利益要求；二是稳定性与动态性，即出版产业政策要在一定时期内保持政策的稳定，不能朝令夕改，成为产业发展的阻碍，同时出版产业政策在稳定的前提下，要依据环境的变化，适当地进行变化；三是公平性与效率性，就是出版产业政策为产业内每个成员创造发展机会，但这种机会不是绝对的平均主义，是依据产业内各个成员的发展条件为基础的；四是强制性与合法性，即出版产业政策出台后，其产业内的成员都必须遵照执行，同时这种强制性必须以国家的法律为基础，即出版产业政策出台要合乎国家相关的法律规定。

### (二) 出版产业政策的功能

依据出版产业政策的定义，出版产业政策在市场化程度的不同阶段有不同的功能。

在出版市场化初始阶段，由于出版市场化还处于发展状态，计划配置资源的方式还处于主导地位，此时的出版产业政策尤为重要，因为此时出版产业的发展基本都依靠政府的指导，具体的形式往往是以政策来体现的。所以，出版产业政策在此阶段的主要功能就是积极引入市场机制，具体而言就是将出版市场供求机制、出版物价格机制、出版市场竞争机制引入，优化出版市场的资源配置。

在出版市场化的成熟阶段，出版市场机制已经在发挥积极的作用，同时弊端也逐步体现出来，所以此阶段出版产业政策的功能主要有：一是弥补出版市场机制不足，即政府要增强出版市场的竞争程度，控制市场垄断和不正当竞争行为；二是优化产业发展，主要是通过调整出版产业结构，使产业均衡发展，同时还能够鼓励出版产业新技术的发展等。

### 三 出版产业政策过程分析

根据公共政策的过程，一个完整的出版产业政策过程如图 2-4 所示，可以分为四个阶段，即出版产业政策的制定阶段、出版产业政策的执行阶段、出版产业政策的评估阶段和出版产业政策的调整阶段。

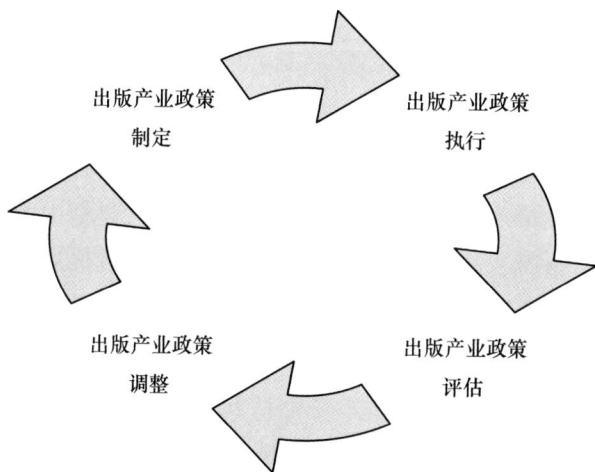

图 2-4 出版产业政策过程

（一）出版产业政策的制定

依据公共政策的过程分析，出版产业政策的制定过程可以分为出版产业政策的问题认定过程、规划过程和合法化过程三个方面。出版产业政策的问题认定主要是指政策调查人员发现产业发展中存在矛盾的过程；出版产业政策的规划主要是指政策制定人员针对出版产业中存在的矛盾，结合产业发展中的实际环境，确立政策目标、拟定政策方案、政策决策的过程。出版产业政策合法化包括两个过程：一是出版产业政策的制定机构要合法；二是制定机构在制定产业政策过程中，要符合国家的相关法律，其过程要合法。比如新闻出版总署于 2009 年 4 月 28 日颁布的《新闻出版总署立法程序规定》在第三条规定了适用范围，其中隐含了制定过程："本规定适用于新闻出版总署编制新闻出版立法规划和计划，从事新闻出版法律、行政法规、规章、规范性文件的立项、起草、审查、决定、公布、备案、解释、修订、废止和编纂等活动。"第五条中规定了其法规司的权限，主要的职责包括如下三个方面：一是对于立法规划和年度立法计划进行编制、组织和监督实施；二是对于立法工作的全面组织、协调与审核；三是对于法规进行审查、解释和清理工作。①

（二）出版产业政策的执行

出版产业政策的执行是指实施出版产业政策的过程，具体是出版行政管理部门利用社会资源制定出版产业政策执行计划、建立政策执行组织、招聘和培训政策执行人员、筹集和配备必要的物资和经费等。具体的手段和产业政策一样有两大类：一是间接干预，是指出版行政管理部门利用财政、金融、政府采购等经济杠杆来对产业发展进行引导；二是直接手段，是指出版行政管理部门依据国家的相关法律对产业发展直接进行行政性的干预。

比如新闻出版总署为执行"'十二五'时期（2011—2015年）国家重点图书、音像、电子出版物出版规划"，采取了以下主要措施：一是加强组织领导，各级新闻出版行政部门和出版单位主管部门、各有关出版单位要分工负责、加强监督和管理；二是为了有效推动"规划"的实施，国家出版基金、新闻出版业发展项目库、民族文字出版专项资金、古籍整理出版专项经费、经典中国国际出版工程等将提供资助；三是为了保证高质量完成出版规划，各级新闻出版行政部门和出版单位主管部门，对于项目的实施要有一定的配套措施，在资金、人力、时间上给予充分的支持；四是加强监督管理力度，建立淘汰机制，以保证"规划"的国家水平。②

（三）出版产业政策的评估

出版产业政策评估是依据一定的标准和程序，对政策过程的效果、

---

① 新闻出版总署：《部门规章》（http：//www. gapp. gov. cn），2009年4月28日。
② 新闻出版总署：《关于实施"十二五"时期（2011—2015年）国家重点图书、音像、电子出版物出版规划的通知》（http：//www. gapp. gov. cn），2011年4月13日。

效益、效率和公众回应，进行判断、评定，从而决定政策变迁的活动。其过程的具体内容包括出版产业的政策评估规范、测度、分析、评判。主要评估的标准就是看是否有利于提高出版产业的生产力、有利于提高出版产业的综合效益、有利于提高出版产业的国际竞争力。

比如在稿酬政策方面，1984 年 10 月 19 日文化部批准出版局《关于试行〈书籍稿酬试行规定〉的报告》和《书籍稿酬试行规定》，这两个文件对 1980 年 5 月中宣部批准的《书籍稿酬暂行规定》进行了评估，认为该政策存在需要改进的地方：一是基本稿酬偏低；二是体现优质优酬的精神不够；三是印数稿酬太少。[①]

（四）出版产业政策的调整

在出版产业政策评估之后，对于出版产业政策的运行效率有了深入的了解，然后需要对其进行调整。评估之后，结果会用一定的形式表现出来，比如分级为优良、合格、不合格的出版产业政策。对于优良的出版产业政策，需要维持继续运行；对于合格的出版产业政策，需要改进；对于不合格的出版产业政策，需要废止，重新制定新政策。

比如上例所讲稿酬政策，在评估之后，文化部和出版局认为需要对稿酬政策进行调整，具体的调整办法是："（1）将基本稿酬标准提高一倍（著作稿每千字由 3—10 元，提高到 6—20 元；翻译稿由 2—7 元，提高到 4—14 元）。（2）基本稿酬增加了古籍整理、词书条目、书籍编选费、编辑加工费、审稿费、校订费等的计酬标准。（3）对印数稿酬做了调整，对一般书籍和有重要学术理论研究价值而印数较少的专著实行两种印数稿酬标准。此外，还增加了已故作者稿酬继承办法、由中文译成外文以及根据他人著作改编和缩写的书稿付酬办法、在书稿发排后可预付一部分基本稿酬等办法。"[②]

---

① 方厚枢：《新中国稿酬制度 50 年纪事》，《出版经济》2000 年第 4 期。

② 方厚枢：《新中国稿酬制度 50 年纪事》，《出版经济》2000 年第 4 期。

#### 四 出版产业政策分类

产业视角下的出版产业政策体系依据产业经济学的相关理论，可以分为出版产业发展政策、出版产业结构政策和出版产业组织政策，具体如图 2 - 5 所示。

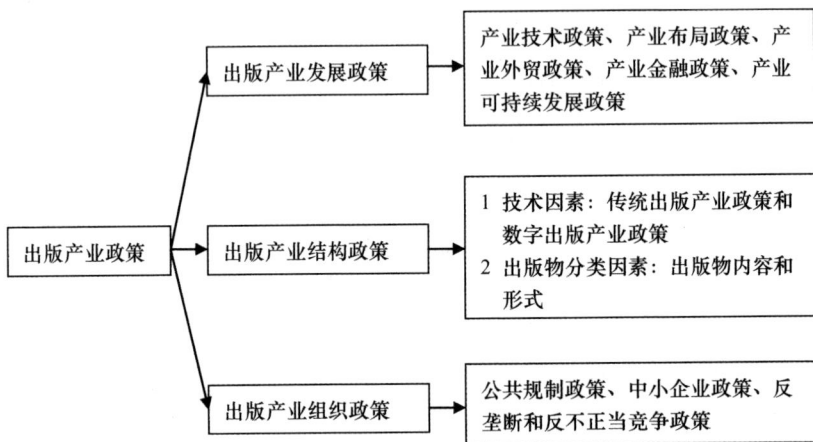

图 2 - 5　出版产业政策的内容分类

（一）出版产业发展政策

出版产业发展政策是指政府为促进出版产业的结构调整和升级，以出版技术创新、优化空间布局等手段，来促进出版产业健康发展的政策总和。具体可依据出版政策目标的取向不同，进一步细分为出版产业技术政策、出版产业布局政策、出版产业外贸政策、出版产业金融政策和出版产业可持续发展政策。

出版产业技术政策是指政府对出版产业技术发展实施指导、选择、促进与控制的政策的总和。具体的方式有两种：一是对出版产业技术研究与开发进行援助的政策，比如我国在实行绿色印刷方面，新闻出版总署于 2011 年 10 月 8 日颁布《关于实施绿色印刷的公告》，其中在第七条"实施绿色印刷的配套保证"中明确提出了对于发展绿色印刷技术的支持，具体内容是新闻出版总署、环境保护部门以及其他政府部门将联合出台政策对绿色印刷技术进行支持，鼓励实行产学研相结合的绿色印刷模式，对于表现突出的部门和企业进行奖励；[①] 二是新技术引进政策，即政府鼓励出版企业在生产和销售上引入国外先进技术，并给予一定的政策扶持。

出版产业布局政策是指政府在一定时期为实现出版产业的合理布局而采取的调整出版产业空间结构的政策总和，包括宏观的总体布局、地方的局部布局与微观的出版企业布局。目前的出版产业更多的是侧重宏观的总体布局，即对东部、中部、西部地区的出版产业实施不同的政策扶持，使得整体出版产业能够平衡发展。比如，新闻出版总署与重庆市政府于2010年4月26日颁布《推进重庆新闻出版业统筹城乡改革和发展署市合作框架协议》，该协议的目标是将重庆建成城乡统筹的新闻出版强市和长江上游的新闻出版中心，同时将第二个国家数字出版基地正式落户于重庆市北部新区。[②]

出版产业外贸政策是指政府对出版产业在外贸方面所采取的限制或者保护性的政策总和，具体包括进口限制政策与出口扶持政策两大类。例如在进口出版物方面，新闻出版总署于2011年3月25日颁布《订户订购进口出版物管理办法》，其中对于订购单位资格，在第六条中规定"可以订购限定发行范围的进口报纸、期刊、图书和电子出版物的国内单位订户由新闻出版总署确定"[③]。

出版产业的金融政策是指出版产业在发展过程中，政府利用金融手段来调整出版产业发展的政策总和。比如中宣部、中国人民银行、财政部、文化部、广电总局、新闻出版总署、银监会、证监会、保监会于

---

① 中华人民共和国新闻出版总署：《关于实施绿色印刷的公告》（http://www.gapp.gov.cn），2011年10月10日。

② 《新闻出版总署重庆市市政府共建西部新闻出版高地》，新华网（http://www.cq.xinhuanet.com），2010年4月27日。

③ 《订户订购进口出版物管理办法》，中国政府网（http://www.gov.cn），2011年3月31日。

2010 年 3 月 29 日颁布《关于金融支持文化产业振兴和发展繁荣的指导意见》，其中强调了金融政策对文化产业的支持。

出版产业可持续发展是要求出版产业在发展过程中，注重产业在现代与未来的发展之间的平衡性和协调性。比如网络游戏产业不能因为当前的暴利，而以牺牲青少年的健康发展为代价，所以总署开发并实施了"网络游戏防沉迷系统实名认证"，就是为了网络游戏产业的可持续发展。

（二）出版产业结构政策

出版产业结构政策是指政府遵循出版产业演进的一般规律和一定时期内的变化趋势，制定并实施的有关出版产业内的资源配置方式，以促进出版产业结构向协调化和高度化方向发展的一系列综合政策。

产业结构政策可以依据不同的标准划分不同的类别，常用的划分标准有技术分类标准和出版物分类标准。根据技术发展标准，可以将出版产业结构政策分为两大类：一是传统出版产业政策，主要是稳定传统出版产业，同时积极引导技术升级；二是数字出版产业政策，主要是鼓励数字产业发展，为其提供资源支持。比如新闻出版总署于 2010 年 9 月 15 日颁布《关于加快我国数字出版产业发展的若干意见》，其中对于我国传统出版业升级的具体内容为："加快推动传统出版单位数字化转型、加快推动音像电子出版单位数字化升级、加快推动传统印刷复制企业数字化改造。"其中对于我国数字出版产业的支持为："加快推动音像电子出版单位数字化升级、加快国家数字出版重点科技工程和重大项目建设、加快推进数字出版相关标准研制工作、推动数字出版产业聚集区建设、支持非公有制企业从事数字出版活动、推动数字出版'走出去'。"①

出版物分类标准可以根据出版物内容和形式来分。根据出版物内容来分，比如以纸质图书为例，根据其功能，出版产业政策可以分为大众

① 中华人民共和国新闻出版总署：《关于加快我国数字出版产业发展的若干意见》（http://www.gapp.gov.cn），2010 年 9 月 15 日。

类图书政策、教育类图书政策和专业类图书政策。以出版物媒介形式来划分出版产业政策，可以分为图书出版产业政策、音像出版产业政策、数字出版产业政策等。总之，出版产业结构政策的分类标准有很多。

（三）出版产业组织政策

出版产业组织政策随着市场体制的不同可以有不同的定义：在计划经济体制下，出版产业组织政策主要是实现计划经济而对企业市场行为进行规范的政策总和，比如教育部和出版总署于 1950 年 12 月 25 日联合颁布的《关于 1951 年春季教科用书的售价及生产供应办法的决定》；在市场经济体制下，出版产业组织政策是政府为达到维护有效的市场竞争的目的，而制定和采用的调整出版市场结构、规范出版市场行为的政策总和，比如文化部、国家广播电影电视总局、新闻出版署、国家发展和改革委员会、商务部于 2005 年 7 月 6 日联合颁布的《关于文化领域引进外资的若干意见》。

从政策内容的角度来看，出版产业组织政策可以分为三类：一是经济规制，主要是利用行政方式对出版企业的经济行为进行限制；二是社会规制，主要针对产业在运行过程中对社会安全、环境、公民健康方面产生影响的管理；三是反垄断规制，主要是通过相关法律来限制出版市场的垄断，提高市场运行效率。

# 第三章　数字化转型背景下的出版产业发展政策

本章的内容分为两个部分：一是分析2003—2017年以来我国的宏观经济政策，因为数字化转型背景下我国出版产业政策是属于我国经济政策的一部分，在分析我国出版产业政策之前，有必要对2003—2017年我国的宏观经济政策的发展历程进行简要介绍；二是根据前文的基础理论研究，将2003—2017年以来我国数字化转型背景下出版产业发展政策分成技术政策、布局政策、外贸政策、金融政策和可持续发展政策，进行分类分析，主要政策参见表3-1。

表3-1　　数字化转型背景下主要的出版产业发展政策列表

| 政策名称 | 政策颁布时间 | 政策制定单位 |
|---|---|---|
| 《关于支持和促进文化产业发展的若干意见》 | 2003年9月4日 | 文化部 |
| 《关于鼓励支持和引导个体私营等非公有制经济发展的若干意见》 | 2005年2月19日 | 国务院 |
| 《关于文化体制改革试点中支持文化产业发展若干税收政策问题的通知》 | 2005年3月29日 | 财政部、海关总署、税务总局 |
| 《关于文化体制改革中经营性文化事业单位转制后企业的若干税收政策问题的通知》 | 2005年3月29日 | 财政部、海关总署、税务总局 |
| 《关于印刷少数民族文字出版物增值税政策的通知》 | 2005年4月4日 | 财政部、税务总局 |
| 《国家"十一五"时期文化发展规划纲要》 | 2006年9月13日 | 中共中央、国务院 |

续表

| 政策名称 | 政策颁布时间 | 政策制定单位 |
|---|---|---|
| 《关于宣传文化增值税和营业税优惠政策的通知》 | 2006 年 12 月 5 日 | 财政部、税务总局 |
| 《关于印发〈新闻出版业"十一五"发展规划〉的通知》 | 2006 年 12 月 30 日 | 新闻出版总署 |
| 《关于印发〈文化标准化中长期发展规划（2007—2020)〉的通知》 | 2007 年 7 月 13 日 | 文化部 |
| 《中共中央关于推进农村改革发展若干重大问题的决定》 | 2008 年 10 月 12 日 | 中国共产党第十七届中央委员会第三次全体会议 |
| 《关于文化体制改革中经营性文化事业单位转制为企业的若干税收优惠政策的通知》 | 2009 年 3 月 26 日 | 财政部、税务总局 |
| 《关于支持文化企业发展若干税收政策问题的通知》 | 2009 年 3 月 27 日 | 财政部、海关总署和税务总局 |
| 《关于加快文化产业发展的指导意见》 | 2009 年 9 月 10 日 | 文化部 |
| 《文化产业振兴规划》 | 2009 年 9 月 26 日 | 国务院 |
| 《关于进一步推动新闻出版产业发展的指导意见》 | 2010 年 1 月 1 日 | 新闻出版总署 |
| 《关于加快我国数字出版产业发展的若干意见》 | 2010 年 1 月 5 日 | 新闻出版总署 |
| 《关于金融支持文化产业振兴和发展繁荣的指导意见》 | 2010 年 3 月 19 日 | 中宣部、新闻出版总署等 9 部委 |
| 《关于加快我国数字出版产业发展的若干意见》 | 2010 年 8 月 16 日 | 新闻出版总署 |
| 《关于进一步推动新闻出版产业发展的指导意见》 | 2010 年 8 月 16 日 | 新闻出版总署 |
| 《关于印发浙江省文化产业发展规划（2010—2015）的通知》 | 2011 年 1 月 7 日 | 浙江省人民政府 |
| 《关于促进本市数字出版产业发展若干意见的通知》 | 2011 年 3 月 25 日 | 上海市人民政府 |
| 《关于实施"十二五"时期（2011—2015 年）国家重点图书、音像、电子出版物出版规划的通知》 | 2011 年 4 月 13 日 | 新闻出版总署 |

| 政策名称 | 政策颁布时间 | 政策制定单位 |
|---|---|---|
| 《新闻出版业"十二五"时期发展规划》 | 2011 年 4 月 20 日 | 新闻出版总署 |
| 《新闻出版业"十二五"时期"走出去"发展规划》 | 2011 年 4 月 20 日 | 新闻出版总署 |
| 《广西壮族自治区文化产业发展"十二五"规划》 | 2011 年 5 月 17 日 | 广西壮族自治区发展和改革委员会 |
| 《数字出版"十三五"发展规划》 | 2011 年 8 月 17 日 | 广东省新闻出版广电局 |
| 《深圳文化创意产业振兴发展规划（2011—2015 年）》 | 2011 年 10 月 14 日 | 深圳市人民政府 |
| 《关于加快杭州市国家数字出版基地建设的通知》 | 2011 年 11 月 29 日 | 杭州市人民政府 |
| 《中国的对外贸易白皮书》 | 2011 年 12 月 6 日 | 国务院新闻办 |
| 《四川省"十二五"文化改革发展规划》 | 2011 年 12 月 31 日 | 四川省人民政府办公厅 |
| 《关于加快出版传媒集团改革发展的指导意见》 | 2012 年 2 月 27 日 | 新闻出版总署 |
| 《关于加快江苏数字出版产业发展意见的通知》 | 2012 年 3 月 15 日 | 江苏省人民政府 |
| 《"十二五"时期文化改革发展规划》 | 2012 年 5 月 7 日 | 文化部 |
| 《关于印发国家文化科技创新工程纲要的通知》 | 2012 年 6 月 27 日 | 科学技术部、中共中央宣传部、财政部、文化部、新闻出版广电总局、新闻出版总署 |
| 《关于加快我国新闻出版业"走出去"的若干意见》 | 2012 年 9 月 9 日 | 新闻出版总署 |
| 《关于贯彻实施〈MPR 出版物〉系列国家标准的通知》 | 2012 年 11 月 21 日 | 新闻出版总署 |
| 《中共中央关于全面深化改革若干重大问题的决定》 | 2013 年 11 月 15 日 | 中共中央委员会 |
| 《新闻出版行业标准化管理办法》 | 2013 年 12 月 4 日 | 新闻出版广电总局 |
| 《关于推进文化创意和设计服务与相关产业融合发展的若干意见》 | 2014 年 2 月 26 日 | 国务院 |
| 《关于深入推进文化金融合作的意见》 | 2014 年 3 月 17 日 | 文化部、中国人民银行、财政部 |
| 《进一步支持文化企业发展的规定》 | 2014 年 4 月 2 日 | 国务院办公厅 |

| 政策名称 | 政策颁布时间 | 政策制定单位 |
| --- | --- | --- |
| 《关于申报 2014 年度文化产业发展专项资金的通知》 | 2014 年 4 月 4 日 | 财政部 |
| 《关于推动新闻出版业数字化转型升级的指导意见》 | 2014 年 4 月 24 日 | 新闻出版广电总局、财政部 |
| 《关于继续实施支持文化企业发展若干税收政策的通知》 | 2014 年 11 月 27 日 | 财政部、海关总署、国家税务总局 |
| 《关于推动网络文学健康发展的指导意见》 | 2014 年 12 月 18 日 | 新闻出版广电总局 |
| 《关于推动传统出版和新兴出版融合发展的指导意见》 | 2015 年 3 月 31 日 | 新闻出版广电总局、财政部 |
| 《中共中央关于繁荣发展社会主义文艺的意见》 | 2015 年 10 月 3 日 | 中共中央 |
| 《浙江省文化产业发展"十三五"规划》 | 2016 年 10 月 10 日 | 浙江省人民政府 |
| 《"十三五"国家战略性新兴产业发展规划》 | 2016 年 11 月 29 日 | 国务院 |
| 《"十三五"国家信息化规划》 | 2016 年 12 月 27 日 | 中华人民共和国中央人民政府 |
| 《关于深化新闻出版业数字化转型升级工作的通知》 | 2017 年 3 月 17 日 | 新闻出版广电总局、财政部 |
| 《关于加快我国数字出版产业发展的若干意见》 | 2017 年 4 月 11 日 | 文化部 |
| 《关于推动数字文化产业创新发展的指导意见》 | 2017 年 4 月 11 日 | 文化部 |
| 《文化部"十三五"时期文化科技创新规划》 | 2017 年 4 月 26 日 | 文化部 |
| 《国家"十三五"时期文化发展改革规划纲要》 | 2017 年 5 月 7 日 | 中共中央办公厅、国务院办公厅 |
| 《关于深化新闻出版业数字化转型升级工作的通知》 | 2017 年 5 月 18 日 | 新闻出版广电总局、财政部 |
| 《新闻出版广播影视"十三五"发展规划》 | 2017 年 9 月 20 日 | 新闻出版广电总局 |

# 第一节　经济政策背景分析

## 一　宏观经济政策分析

宏观经济政策与经济体制的改革是紧密相关的。经济体制的变革方向是经济政策的主要价值取向，而具体的经济政策是实现经济体制变革的基本保障。改革开放以来，有三项重大决策对我国的经济体制产生了重要影响：一是1978年十一届三中全会决定工作重心开始转向社会主义现代化建设，我国的经济体制开始进入由计划经济体制向市场经济体制的过渡时期；二是1992年邓小平同志的南方讲话和1993年中共十四届三中全会通过的《关于建立社会主义市场经济体制若干问题的决定》，标志着我国经济制度的改革开始进入"建立社会主义市场经济体制"的时期；三是2003年中共十六届三中全会通过的《关于完善社会主义市场经济体制若干问题的决定》和2013年中共十八届三中全会通过的《中共中央关于全面深化改革若干重大问题的决定》，标志着我国的社会主义市场经济体制的改革进一步深化，开始进入"完善社会主义市场经济体制"的时期。

从2003年开始，我国党和政府依照这个任务，主要进行了四个方面的改革：一是社会主义市场经济所有制结构的进一步完善；二是生产要素的进一步市场化改革；三是政府行政管理体制改革；四是对外继续开放。

所有制完善方面的具体内容包括国有企业和国有资产管理体制的改革、非公有制经济的改革。党的十八大报告提出坚持和完善基本经济制度，具体内容是："公有制为主体、多种所有制经济共同发展的基本经济制度，是中国特色社会主义制度的重要支柱，也是社会主义市场经济体制的根基。公有制经济和非公有制经济都是社会主义市场经济的重要组成部分，都是我国经济社会发展的重要基础。必须毫不动摇巩固和发展公有制经济，坚持公有制主体地位，发挥国有经济主导作用，不断增强国有经济活力、控制力、影响力。必须毫不动摇鼓励、支持、引导非公有制经济发展，激发非公有制经济活力和创造力。"

经过前期的国有企业改革，国有企业取得了进一步的发展，具体的表现是国有企业自身的规模及利润增加、组织结构优化、技术能力与国际先进水平差距缩小。尽管取得了成就，但是国有企业改革的重点还未完全涉及，其中最重要的就是国有资产管理体制改革。如果国有资产管理不能很好解决，那么国有企业的经营权和所有权就很难分离，从而形成常见的企业"内部人"控制问题，造成国有资产的流失。为解决这一问题，党的十六大报告提出了改革国有资产管理体制的主要原则，包括四个方面：一是以国家所有制为前提，中央与地方两级政府代表国家履行出资人职责；二是重要的大型国有企业由中央政府代表政府履行出资人职责；三是中央和地方两级政府建立国有资产管理结构；四是坚持政企分开，依法办事，实行国有企业所有权和经营权的分离，从而实现国有企业的保值增值。① 2003 年 3 月全国人大通过了《关于国务院设立国有资产管理委员会》的决定，2003 年 5 月 27 日国务院颁布《企业国有资产监督管理暂行条例》规范了"国资委"的主要职责，主要有指导国有企业的改革和重组、代表政府向大型国有企业派出监事会、对国有企业负责人进行考核、对国有资产进行监管和拟定国有资产管理的各项法规。② "国资委"成立后，开始对我国的国有企业进行一系列的改革，具体措施主要集中在两个方面：一是调整国有经济的结构；二是对我国国有企业的管理进行规范。

非公有制经济改革方面主要是 2005 年 2 月 19 日国务院颁布的《关于鼓励支持和引导个体私营等非公有制经济发展的若干意见》，即"非公 36 条"，明确提出"公有制为主体、多种所有制经济共同发展是我国社会主义初级阶段的基本经济制度。毫不动摇地巩固和发展公有制经济，毫不动摇地鼓励、支持和引导非公有制经济发展，使两者在社会主义现代化进程中相互促进，共同发展，是必须长期坚持的基本方针，是完善社会主义市场经济体制、建设中国特色社会主义的必然要求"。该政策采取了七个具体措施来支持非公有制经济的发展：一是放宽非公有制经济市场准入；二是加大对非公有制经济的财税金融支持；三是完善对非公有制经济的社会服务，主要包括对非公有制经济提供社会中介、

---

① 李晓西：《中国经济改革 30 年：市场化进程卷（1978—2008）》，重庆大学出版社 2008 年版，第 230—231 页。

② 吴敬琏：《当代中国经济改革教程》，上海远东出版社 2010 年版，第 137—138 页。

科技、员工培训等方面的服务；四是维护非公有制企业和职工的合法权益；五是引导非公有制企业提高自身素质；六是改进政府对非公有制企业的监管；七是加强对发展非公有制经济的指导和政策协调。随后国务院 2010 年 5 月 7 日颁布《关于鼓励和引导民间投资健康发展的若干意见》对"非公 36 条"进行了进一步的完善。"非公 36 条"出台后，中央和地方两级政府制定了一系列的配套政策来细化政府对非公有制经济的支持，2005 年 3 月到 2006 年 6 月间，据统计，31 个省累计出台配套政策多达 200 多件。[①]"非公 36 条"的意义在于我国非公有制经济的市场准入取得了巨大突破，我国政府第一次正式提出了市场建设要"贯彻平等准入、公平待遇的原则"。此期间，在政府相关政策的支持下，非公有制经济发展迅速。

2003—2017 年生产要素的进一步市场化主要体现在劳动力市场、资本市场改革和土地市场化改革方面。劳动力市场的改革主要体现在两个方面：一是政府通过行政手段配置劳动力资源的范围进一步缩小，主要体现就是事业单位的改革；二是规范劳动力市场的运行。经过改革我国的劳动力市场已经有了很大的改善，但是离完全市场化的劳动力市场还是有距离的，我国政府下一步的改革目标应该是打破城乡差异，建立城乡统一的、功能健全、服务规范、机制完善的劳动力市场。资本市场方面，我国政府在此阶段开始减少对资本市场的行政管制，同时出台政策对资本市场进行规范。土地资源改革方面，2008 年 10 月中共十七届三中全会通过的《中共中央关于推进农村改革发展若干重大问题的决定》，对农村土地资源管理改革进一步深化，主要内容是加强土地承包经营权流转管理和服务，建立健全土地承包经营权流转市场，按照依法自愿有偿原则，允许农民以转包、出租、互换、转让、股份合作等形式流转土地承包经营权，发展多种形式的适度规模经营。有条件的地方可以发展专业大户、家庭农场、农民专业合作社等规模经营主体。

---

① 李晓西：《中国经济改革 30 年：市场化进程卷（1978—2008）》，重庆大学出版社 2008 年版，第 237 页。

2003—2017 年政府行政管理体制主要包括如下三方面的内容：一是规范了政府投资体制，2004 年 7 月 16 日国务院通过《关于投资体制改革决定》，明确了政府的投资管理方法，后续出台了配套政策，对政府的预算投资、国债投资和主权外债投资行为进行了规范；二是增强了政府的社会管理职能，比如在慈善组织的管理方面，2005 年 11 月 20 日，民政部颁布《促进慈善类民间组织发展的若干意见》等 3 个政策，对慈善组织的规范、社会办福利机构的优惠等方面进行了规范；三是政府审批制度进一步规范，此阶段，国务院行政审批制度改革领导小组办公室，对行政审批项目进行清理，同时将工作重点转到对审批行为的规范上，2003 年全国人大通过了《中华人民共和国行政许可法》，以法律形式规范了政府的行政审批行为。2013 年中共十八届三中全会《中共中央关于全面深化改革若干重大问题的决定》（下称《决定》）进一步指出了政府行政体制改革的方向："科学的宏观调控，有效的政府治理，是发挥社会主义市场经济体制优势的内在要求。必须切实转变政府职能，深化行政体制改革，创新行政管理方式，增强政府公信力和执行力，建设法治政府和服务型政府。"

2001 年 12 月 11 日我国正式加入世界贸易组织（WTO），在享受世贸组织的权利时，我国同时要履行义务，即兑现入世承诺，这些承诺就是在这个阶段开始实施的。所以兑现入世承诺是这个阶段对外开放改革的主要内容，包括遵守非歧视原则、统一实施贸易制度、确保贸易政策透明度、为当事人提供司法审议的机会、遵守 WTO 关于国有贸易的规定、实施《与贸易有关的投资措施协定》、定期接受过渡性审议、逐步降低关税、逐步取消大部分非关税措施和逐步开放服务贸易等方面。为兑现承诺，中国政府在积极建设市场机制、削减关税、取消非关税壁垒、开放市场、完善法规制度等方面出台了一系列政策，创造更加公平的进出口贸易环境。国务院新闻办公室于 2011 年 12 月 7 日发布的《中国的对外贸易》白皮书指出，截至 2010 年，中国加入世界贸易组织的所有承诺全部履行完毕，具体成果有如下四个方面：一是中国认真履行承诺的实际行动得到了世界贸易组织大多数成员的肯定，世界贸易组织所倡导的非歧视、透明度、公平竞争等基本原则已经融入中国的法律法规和有关制度；二是加入世界贸易组织后，中国集中清理了 2300 多部法律法规和部门规章，建立健全了贸易促进、贸易救济法律体系；三是中国进一步降低关税，外贸经营权全面放开，中国进口商品关税总水平从 2001 年的 15.3% 降低到 2010 年的 9.8%；四是进一步扩大服务市场开放，在世界贸易组织服务贸易分类的 160 个分部门中，中国开放了 100 个，开放范围已经接近发达国家的平均水平。① 2013 年中共十八届三中全会《决定》进一步指出了我国对外开放的改革方向："适应经济全球化新形势，必须推动对内对外开放相互促进、引进来和走出去更好结合，促进国际国内要素有序自由流动、资源高效配置、市场深度融合，加快培育参与和引领国际经济合作竞争新优势，以开放促改革。"

此阶段政府采取了一些措施对市场经济体制进行完善，2013 年中共十八届三中全会《决定》也指明了改革方向："紧紧围绕使市场在资源配置中起决定性作用深化经济体制改革，坚持和完善基本经济制度，加快完善现代市场体系、宏观调控体系、开放型经济体系，加快转变经济发展方式，加快建设创新型国家，推动经济更有效率、更加公平、更可持续发展。"但是由于政策具体执行问题，我国要建立完善的社会主义市场经济体制还有很长的一段路要走，主要体现在如下几个方面：一是当我国的改革领域涉及电信、能源、金融等重要行业的时候，改革的步伐变慢了，比如在 2003—2004 年国内有舆论再次对市场化的改革方向进行了质疑，导致政府经济政策价值取向变化，开始强调政府对国家经济的控制能力，以至于后来出现了"国进民退"的现象，主要体现就是在一些已经对民营放开的领域，政府又收回了其经营权，还有国有企业利用行政保护对中小企业进行收购，获取市场垄断权。二是政府以

---

① 《国务院新闻办发表〈中国的对外贸易〉白皮书》，中国政府网（http：//www. gov. cn），2011 年 12 月 6 日。

宏观调控的名义加强了对企业微观经济活动的行政干预，比如 2003 年下半年宏观经济过热，政府过多使用审批等行政手段控制"过热行业"，从而导致市场配置资源的作用被削弱，行政手段对市场的干预增强。三是此阶段的政治改革依然滞后，如果经济改革没有政治改革的基础作为保障，那么经济改革就很难持续、有效进行。这些问题都是今后我国市场化进行深入改革必须面对的主要问题。①

### 二 数字化经济转型

进入 21 世纪，人类社会在经历了农业革命、工业革命之后，正式进入数字经济的新时代。数字经济指的是使用数字信息和知识作为生产的关键要素、以现代信息网络作为重要的活动空间、以信息与通信技术的有效使用作为生产率增长和经济结构优化的重要驱动力的各类经济活动。

数字经济的发展是以数字技术的发展为基础的。一系列数字技术及应用的发展加速了数字经济在整体国民经济渗透的广度和深度。网络宽带化提升了人们利用网络的效率，而移动互联网以随时随地联网能力支撑了个性化和社交化的业务与应用；物联网延伸了人类感知世界的范围和扩展了信息获取能力；云计算以集约化的方式降低了政企用户的信息化成本；大数据及与之关联的人工智能技术增强了人类认识世界的能力，数据驱动决策优化了社会运行和企业运营。大数据、智能化、移动互联网和云计算结合的"大智移云"成为信息技术新时代的重要特征，为互联网从面向消费到面向产业发展奠定了基础。总之，全球数字经济进入全面渗透、跨界融合、加速创新和引领发展的新阶段。

数字经济发展速度如此之快，是因为它有着诸多的经济优势。其一，数字经济是贯彻了新兴产业"创新、协调、绿色、开放、共享"的五大发展理念。数字经济是新技术革命的产物，是一种新的经济形

---

① 吴敬琏：《当代中国经济改革教程》，上海远东出版社 2010 年版，第 74—76 页。

态、新的资源配置方式，集中体现了创新的内在要求；数字经济减少了信息流动障碍，加速了资源要素流动，提高了供需匹配效率，有助于实现城乡之间、区域之间的协调发展；数字经济能够极大地提升资源的利用率，是绿色发展的最佳体现；数字经济的最大特点就是基于互联网，而互联网的特性就是开放共享，所以数字经济为落后地区、低收入人群创造了比实体经济更多的参与经济活动的机会。

其二，数字经济是推进供给侧结构性改革的重要举措。以新一代数字技术与制造技术深度融合为特征的智能制造模式，正在引发新一轮制造业变革，数字化、虚拟化、智能化技术将贯穿产品的全生命周期，柔性化、网络化、个性化生产将成为制造模式的新趋势，全球化、服务化、平台化将成为产业组织的新方式。同时，数字经济也促进了农业现代化的发展，数字农业、智慧农业等农业发展新模式就是数字经济在农业领域的实践与应用。在服务业领域，数字经济发挥了积极的作用，电子商务、互联网金融、网络教育、远程医疗、在线娱乐等使人们的生产生活方式发生了极大改变。

其三，数字经济是贯彻落实创新驱动发展战略，推动"大众创业、万众创新"的最佳手段。现阶段，数字经济最能体现信息技术创新、商业模式创新以及制度创新的要求。数字经济的发展孕育了一大批极具发展潜力的互联网企业，成为激发创新创业的驱动力量。"众创、众包、众扶、众筹"等分享经济模式本身就是数字经济的重要组成部分。

其四，数字经济是构建数字时代国家竞争新优势的重要先导力量。在数字技术引发的世界经济版图重构过程中，数字经济的发展将起到至关重要的作用。数字时代的核心竞争能力将越来越表现为一个国家和地区的数字能力、信息能力、网络能力。

正因数字经济有着如此多的优势，所以在 2008 年国际金融危机之后，世界各国推出一系列措施，积极发展本国的数字经济，使得世界经济进入了深度调整的新阶段：一方面传统经济持续低迷，而另一方面数字经济则异军突起。我国政府和产业界非常重视数字技术带来的巨大变革，积极发展我国的数字经济，目前在多数领域开始形成与发达国家同台竞争、同步领跑的局面，取得了良好的成绩。

第一，我国高速发展的信息基础设施基本形成。我国已经建成了全球最大规模的宽带通信网络，截至 2017 年 6 月，我国网络地址 IPv4 地址数量为 3.38 亿个，IPv6 地址 21283 块/32，同时我国网站总数为 506 万个，半年增长 4.8%；"CN"网站数为 270 万个，国际出口带宽为 7974779Mbps，半年增长 20.1%。[①] 同时，我国的网络带宽得到持续发展，光网城市计划由点及面全面推开，城市家庭基本实现 100M 光纤全覆盖。网民数量的迅速发展为我国数字经济的发展提供了巨大潜能。截至 2017 年 6 月，我国网民规模达到 7.51 亿，半年共计新增网民 1992 万。互联网普及率为 54.3%，较 2016 年底提升 1.1%。[②]

第二，数字经济在我国生产生活各个领域全面渗透。一方面，数字经济正在引领传统产业转型升级。以制造业为例，工业机器人、3D 打印机等新装备、新技术在以长三角、珠三角等为主的中国制造业核心区域的应用明显加快，大数据、云计算、物联网等新的配套技术和生产方式开始得到大规模应用。另一方面，数字经济开始融入城乡居民生活。网络环境的逐步完善和手机上网的迅速普及，使得互联网应用的需求不断被激发，2017 年上半年，我国个人互联网应用保持快速发展，各类应用用户规模均呈上升趋势，其中网上外卖和互联网理财是增长最快的两个应用，半年增长率分别为 41.6% 和 27.5%，网络购物仍保持较快增长，半年增长率为 10.2%；手机应用方面，手机外卖、手机在线教育课程用户规模增长最为明显，半年增长率分别为 41.4% 和 22.4%。[③]

第三，数字经济革新我国产业的业态与模式。近年来，我国在电子

---

① 中国互联网络信息中心：《中国互联网络发展状况统计报告》（http：//www. cnnic. net. cn），2017 年 8 月 4 日。

② 中国互联网络信息中心：《中国互联网络发展状况统计报告》（http：//www. cnnic. net. cn），2017 年 8 月 4 日。

③ 中国互联网络信息中心：《中国互联网络发展状况统计报告》（http：//www. cnnic. net. cn），2017 年 8 月 4 日。

商务、电子信息产品制造等诸多领域取得突出成就，一批信息技术企业和互联网企业进入世界前列。中国数字经济推动的分享经济趋势正在成为全球数字经济发展的排头兵。截至2017年6月，共享单车用户规模已达1.06亿，占网民总体的14.1%，其业务覆盖范围已经由一、二线城市向三、四线城市渗透，融资能力较强的共享单车品牌则开始涉足海外市场。① 同时，我国的电子商务继续保持快速发展的良好势头。截至2017年6月，我国网络购物用户规模达到5.14亿，相较2016年底增加10.2%，其中，手机网络购物用户规模达到4.80亿，半年增长率为9.0%，使用比例由63.4%增至66.4%。②

我国数字经济的发展不仅推动了我国经济的发展，也促进了世界经济的发展。美国波士顿咨询集团在2012年发表的《G20国家互联网经济》一文中指出，2010年G20国家的互联网经济占全世界GDP的4.1%，到2016年将占全世界GDP的5.3%，互联网经济对中国GDP的贡献从2010年的5.5%上升到2016年的6.9%，在G20国家中仅次于英国和韩国排在第三位，对世界经济贡献良多。埃森哲公司在2016年发布了《数字颠覆：增长倍增器》报告，该报告从金融服务业、商业、产业等领域的数字化程度、数字化从业人员占比、数字资本存量占资本总存量之比等方面来综合评价国家的数字技能、数字技术与数字环境，认为2015年美国数字经济占GDP的33%，中国则为10.5%，该报告还预测国家数字经济的发展将使2020年中国GDP增加3.7%，对应增加5270亿美元，而美国增加2.1%，即4210亿美元。③

数字经济的发展正以前所未有的规模在世界经济中深入发展，而我国的数字经济将迎来巨大的机遇，为我国加速完成工业化任务、构筑国际竞

① 中国互联网络信息中心：《中国互联网络发展状况统计报告》（http://www.cnnic.net.cn），2017年8月4日。

② 中国互联网络信息中心：《中国互联网络发展状况统计报告》（http://www.cnnic.net.cn），2017年8月4日。

③ 《2017年互联网发展趋势报告》，中商情报网（http://www.askci.com），2017年1月10日。

争新优势提供强大的物质保障，并为全球经济转型发展作出更大贡献。

第一，我国的数字经济基础设施体系将更加完善。完善的数字经济基础设施是夯实中国数字经济发展基础、引领全球数字经济发展潮流的必要条件。2016 年国务院颁布的"十三五国家信息化规划"中指出，到 2020 年，我国的信息基础设施达到全球领先水平，"宽带中国"战略目标全面实现，固定宽带家庭普及率达到中等发达国家水平，4G 网络覆盖城乡，网络提速降费取得显著成效，云计算数据中心和内容分发网络实现优化布局，国际网络布局能力显著增强，通达全球主要国家和地区的高速信息网络基本建成，北斗导航系统覆盖全球，有线、无线、卫星广播电视传输覆盖能力进一步增强，基本实现广播电视户户通。①

第二，我国经济发展的数字化转型成为重点。以信息技术为代表的技术群体性突破是构建现代技术产业体系、引领经济数字化转型的动力源泉，先进的信息生产力将推动我国经济向形态更高级、分工更优化、结构更合理的数字经济阶段演进。按照相关战略要求，到 2020 年，核心关键技术部分领域达到国际先进水平，信息产业国际竞争力大幅提升，重点行业数字化、网络化、智能化取得明显进展，网络化协同创新体系全面形成；信息消费总额达到 6 万亿元，电子商务交易规模达到 38 万亿元。信息产业国际竞争力大幅提升，数字红利得到充分释放，制造业大国地位进一步巩固，制造业信息化水平大幅提升，农业信息化明显提升，以此推动经济发展方式顺利完成数字化转型。②

为了推进我国数字经济的发展，我国政府出台了一系列政策。2017年中共十九大报告指出，"推动互联网、大数据、人工智能和实体经济深度融合，在中高端消费、创新引领、绿色低碳、共享经济、现代供应链、人力资本服务等领域培育新增长点、形成新动能。支持传统产业优

---

① 中华人民共和国中央人民政府：《"十三五"国家信息化规划》（http：//www.gov.cn），2016 年 12 月 27 日。

② 中华人民共和国中央人民政府：《"十三五"国家信息化规划》（http：//www.gov.cn），2016 年 12 月 27 日。

化升级，加快发展现代服务业，瞄准国际标准提高水平"①。2016 年国务院颁布的"十三五国家信息化规划"中指出，"到 2020 年，数字中国建设取得显著成效，信息化发展水平大幅跃升，信息化能力跻身国际前列，具有国际竞争力、安全可控的信息产业生态体系基本建立。信息技术和经济社会发展深度融合，数字鸿沟明显缩小，数字红利充分释放。信息化全面支撑党和国家事业发展，促进经济社会均衡、包容和可持续发展，为国家治理体系和治理能力现代化提供坚实支撑"②。

综上所述，数字经济代表着新的生产力和新的发展方向，已经成为引领创新和驱动转型的先导力量。促进传统经济的数字化转型，能够引领经济发展新常态，构建统一开放的数字市场体系，满足人民生活新需求，增强国家文化软实力和国际竞争力，推动社会和谐稳定与文明进步。

## 第二节　产业技术政策

进入 21 世纪后，数字技术在各行业的广泛应用是全球各国经济发展的主要特征之一，我国的数字出版产业在此阶段也逐步应用数字技术来提高产业的发展效率。我国党和政府也注意到这一发展趋势，中央政府和地方政府出台各项政策来鼓励数字技术在行业内应用，这也是2003—2017 年我国出版产业政策阶段的主要价值取向之一。

中央政府层面出台的产业技术政策内容主要包括促进数字技术软硬件的升级换代、推进数字技术标准的建设和实施重大数字出版项目。

第一，促进数字技术软硬件的升级换代是我国出版产业数字化转型升级的技术基础。2006 年 9 月 13 日，中共中央、国务院联合颁布《国家"十一五"时期文化发展规划纲要》，提出加快文化产业的科技创新，具体内容是要加强我国数字技术、网络技术等核心技术的研发，推

---

① 《党的十九大报告全文》，搜狐网（http：//www.gov.cn），2017 年 10 月 27 日。
② 中华人民共和国中央人民政府：《"十三五"国家信息化规划》（http：//www.gov.cn），2016 年 12 月 27 日。

动高科技在我国文化领域中的应用；同时我国文化产业的科技创新必须向世界文化科技发展的前沿看齐，加强数字技术和数字内容等核心技术的研究，提高文化产业的装备技术和制造技术的水平。2006 年 12 月 30 日，新闻出版总署颁布《关于印发〈新闻出版业"十一五"发展规划〉的通知》，提出为促进新闻出版产业的发展，应该加强现代科学技术的应用，具体的内容是要加大对新闻出版产业科技研发的投入，主动利用高新技术开发新的媒体形式，以此促进我国新闻出版产业的升级；同时要组织各方科研机构对新闻出版产业发展的关键技术进行攻关，从而能让我国的新闻出版产业具有自主知识产权的技术。2009 年 9 月 10 日，文化部颁布《关于加快文化产业发展的指导意见》，提出运用高新科技来促进文化产业升级，具体包括舞台技术、网络技术、数字技术、虚拟技术、仿真技术、语言文字技术、声音技术、图形图像技术、动漫制作技术和新材料技术。2009 年 9 月 26 日，国务院颁布《文化产业振兴规划》，提出要用数字技术、网络技术等高新技术来推动我国文化产业的升级，支持文化产业的数字技术、数字内容、网络技术等核心技术的研发，积极开发纸质有声读物、电子书、手机报和网络出版物等新兴出版发行业态。2010 年 1 月 1 日，新闻出版总署颁布《关于进一步推动新闻出版产业发展的指导意见》，提出了发展新闻出版产业高新技术，具体内容包括如下三个方面：一是建立以政策为先导、投入为保障、企业为主体、创新平台为支撑、市场需求为导向、产学研相结合的新闻出版科技创新体系；二是重点支持一批重点技术的研发与应用，主要包括语言文字技术、声音技术、图形图像技术、内容采集与处理技术、知识组织管理技术、协同编辑管理技术等；三是升级我国新闻出版领域的科技含量和装备水平，支持我国新闻出版企业运用高新技术和先进实用技术对传统生产方式和基础设施进行改造。2011 年 4 月 20 日，新闻出版总署颁布《新闻出版业"十二五"时期发展规划》，对最新数字技术在我国出版产业中的开发与运用，提出了相应的规划，具体的内容是："推动科技创新和科技成果转化，研发一批拥有自主知识产权，具有战略性、引导性和带动性的前沿技术，掌握一批具有支撑作用、保障作用的基础技术，重点支持内容采集与处理技术、声音与图形图像技术、云出版技术、语义分析技术、数字显示技术、数字印刷技术、下一代彩色阅读设备的研发，加强知识组织管理与协同编辑管理技术、新型印刷、油墨、材料技术的开发与应用。鼓励和支持企业技术研发与改造。"2016年11月29日，国务院颁布《"十三五"国家战略性新兴产业发展规划》，提出促进数字创意产业蓬勃发展，通过创新引领新消费，具体措施包括，"创新数字文化创意技术和装备，适应沉浸式体验、智能互动等趋势，加强内容和技术装备协同创新……提升创作生产技术装备水平，加大空间和情感感知等基础性技术研发力度，加快虚拟现实、增强现实、全息成像、裸眼三维图形显示（裸眼3D）、交互娱乐引擎开发、文化资源数字化处理、互动影视等核心技术创新发展，加强大数据、物联网、人工智能等技术在数字文化创意创作生产领域的应用，促进创新链和产业链紧密衔接……增强传播服务技术装备水平"。2017年5月7日，中共中央办公厅、国务院出台了《国家"十三五"时期文化发展改革规划纲要》，提出要进行数字出版创新，具体内容是要建立国家知识服务平台，搭建新闻出版内容生产与分销等平台，同时支持发展绿色印刷、纳米印刷。2017年5月18日，新闻出版广电总局、财政部出台了《关于深化新闻出版业数字化转型升级工作的通知》，提出要优化软硬件装备，"新闻出版企业要结合本企业数字化进程、数字出版业务开展的实际情况，搭建硬件环境，采购并不断优化推动数字化转型升级的相关技术装备"；要开展数据共享与应用，"新闻出版企业及相关下游企业，要基于CNONIX国家标准对现有业务管理、用户管理等相关数据管理系统进行优化和升级改造"；还要探索知识服务模式，"新闻出版企业构建各专业领域知识体系，建设知识资源数据库，开发多层次、多维度、多形态知识服务产品，搭建分领域知识服务平台，加强国家级知识服务机构建设，推动国家知识服务平台及知识资源数据库建设"。

第二，此阶段产业技术政策的内容之一是构建数字化转型时期出版产业的标准化体系。一个产业发展的现代化程度往往是和标准化相联系的，产业化的标准化程度高可以提升产业的发展效率，实现产业资源的优化配置。此阶段的标准化体系建设分为两个部分：一是对于数字化标准化工作的整体规划；二是及时颁布一些数字化行业标准，完善出版产业标准化体系。2006 年 12 月 30 日，新闻出版总署颁布《关于印发〈新闻出版业"十一五"发展规划〉的通知》，提出对新闻出版标准化体系的发展规划，具体包括如下三个方面的内容：一是在标准的研究与制定方面提出了具体的目标，即到 2010 年完成新闻出版标准化体系表的编制工作，同时完成新闻出版元数据标准、出版物发行标准体系、新闻出版信息化标准体系等标准的制定工作，积极加强对网络出版、数字出版等前沿标准的研究与制定工作；二是加大了标准的贯彻执行力度；三是加强出版物元数据和信息交换格式的标准制定工作，积极建设行业基础数据库和国家新闻出版数据交换平台，从而推动新闻出版行业的资源共享和利用。2007 年 7 月 13 日，文化部颁布《关于印发〈文化标准化中长期发展规划（2007—2020）〉的通知》，提出了文化标准化到 2020 年的规划目标，"2010 年以前，初步建立起文化领域标准体系，开展文化标准化理论研究，完成部分安全标准、基础标准和行业急需标准的制（修）订。2020 年以前，建立起较为完善的标准体系，取得一批文化标准化理论研究重大成果，完成主要标准的制（修）订工作，使文化标准化建设走向规范有序健康发展的道路"。2010 年 8 月 16 日，新闻出版总署颁布了《关于加快我国数字出版产业发展的若干意见》，提出"加快推进数字出版相关标准研制工作，坚持'基础、急用'标准先行的原则，尽快制定各种数字出版相关的内容标准、格式标准、技术标准、产品标准、管理和服务标准，完成数字出版、移动出版等相关数字出版标准体系的制定，在生产、交换、流通、版权保护等过程中形成符合行业规范的数字出版业标准化体系，创造公平的市场竞争环境"。2011 年 4 月 20 日，新闻出版总署颁布《新闻出版业"十二五"时期发展规划》，提出了我国在"十二五"时期新闻出版业的标准化目标，具体内容是："加快新闻出版行业标准化建设步伐，推进数字出版相关标准制定与推广工作，编制完成行业基础性标准，研究编制新业态核心标准"。2013 年 12 月 4 日，新闻出版广电总局出台了《新闻出版行业标准化管理办法》，为加强新闻出版行业标准化工作的管理，促进新闻出版业技术创新与发展，对新闻出版行业标准的组织、制定和实施作了明确的规定。2014 年 4 月 24 日，新闻出版广电总局、财政部出台了《关于推动新闻出版业数字化转型升级的指导意见》，提出了支持企业面向数字化转型升级开展企业标准研制，"支持出版企业研制企业标准，以及开展国家标准、行业标准的应用研究；支持、鼓励相关技术企业研制基于自主知识产权技术的企业标准；支持以企业标准为基础申报行业标准、国家标准乃至国际标准"。2016 年 11 月 29 日，国务院出台了《"十三五"国家战略性新兴产业发展规划》，提出研究制定数字文化创意技术装备关键标准，推动自主标准国际化，完善数字文化创意技术装备和相关服务的质量管理体系。

具体的标准制定和实施方面，我国出版产业的行业标准都是由政府指定的四个标准化技术委员会进行制定和推广的。截止到 2011 年，四个标准委员会制定的出版产业标准情况如下：全国印刷标准化技术委员会已制定 34 项国家标准、30 项行业标准；全国新闻出版标准化技术委员会已制定 34 项标准，其中国家标准 9 项；全国出版物发行标准化技术委员会已发布行业标准 11 项；全国新闻出版信息标准化技术委员会已制定行业标准 5 项、国家标准 5 项。此阶段是产业数字标准出台的密集期，2014 年 4 月 24 日，新闻出版广电总局、财政部出台了《关于推动新闻出版业数字化转型升级的指导意见》，提出了开展数字化转型升级标准化工作，"支持企业对《中国出版物在线信息交换（CNONIX）》国家标准开展应用。重点支持图书出版和发行集团。包括支持企业研制企业级应用标准；采购基于 CNONIX 标准的数据录入、采集、整理、分析、符合性测试软件工具，开展出版端系统改造与数据规范化采集示范；搭建出版、发行数据交换小型试验系统，实现出版与发行环节的数

据交换；开展实体书店、电子商务（网店）、物流各应用角度基于
CNONIX 标准的数据采集、市场分析、对出版端反馈的应用示范"；同
时支持企业对《多媒体印刷读物（MPR）》国家标准开展应用，"重点
支持教育、少儿、少数民族语言等出版单位，推动企业从单一产品形态
向多媒体、复合出版产品形态，从产品提供向内容服务的数字化转型升
级。包括研制企业级应用标准；部署相应软件系统；完成选题策划、资
源采集，研发教材教辅产品、少儿、少数民族文字阅读产品；开展底层
技术兼容性研究与应用；建设 MPR 出版资源数据库；创新产品销售体
系，构建从实体店到电子商务的立体销售体系"。

在实施重大出版技术项目方面，党和政府希望在出版产业实施一些
重大项目，以此解决出版产业数字化转型升级的关键技术。2006 年 12
月 30 日，新闻出版总署颁布《关于印发〈新闻出版业"十一五"发展
规划〉的通知》，提出了实施"中华字库"建设工程、"国家数字复合
出版系统"研发工程和"数字版权保护技术"研发工程等国家重点工
程。2009 年 9 月 10 日，文化部颁布《关于加快文化产业发展的指导意
见》，提出涉及出版技术重大项目的内容有：一是"中华字库"工程，
该项目的主要目的是建立全部汉字及少数民族文字的编码和主要字体字
符库，研发汉字的编码体系、输入、输出、存储、传输以及兼容等关键
技术；二是国家"知识资源数据库"出版工程，该项目的目的是以各
种信息资源为基础，采用现代人工神经网络、数据库和计算机信息检索
等高新技术，建立新一代综合各类知识信息的数据库，提高我国信息资
源深度综合开发利用的能力和水平。2011 年 4 月 20 日，新闻出版总署
颁布《新闻出版业"十二五"时期发展规划》，提出了"新闻出版科技
创新工程"，具体包括"中华字库"工程、国家"知识资源数据库"工
程（一期）、国家数字复合出版工程、"数字版权保护技术"研发工程、
电子书包研发工程和国家数字出版服务管理平台建设项目。这些国家重
大出版技术项目的实施对于提高我国出版业的技术水平，促进我国出版
业积极转型，起到了重要作用。2017 年 3 月 17 日，新闻出版广电总局
和财政部联合颁布了《关于深化新闻出版业数字化转型升级工作的通

知》，提出充分运用国家数字复合出版工程、"数字版权保护技术"研发工程、"中华字库"工程等新闻出版重大科技工程取得的阶段性成果，进一步提升新闻出版业的技术应用水平和能力。

此阶段地方政府为促进出版产业数字化转型升级，在响应中央政府号召前提下，结合自身发展特点，也出台了相应的出版产业技术政策。比如，2011 年 5 月 17 日，广西壮族自治区发展和改革委员会出台了《广西壮族自治区文化产业发展"十二五"规划》，提出要推动出版产业结构调整和升级，"加快从主要依赖传统纸介质出版物向多种介质形态出版物共同发展转型，从主要依赖区域性市场向综合开拓国内市场转变……引进先进的印刷复制设备，加快数字化、网络化等先进技术的运用，提高印刷复制业的技术装备水平，改善印刷复制品的质量，降低印刷复制业的成本"。2011 年 12 月 31 日，四川省人民政府办公厅出台了《四川省"十二五"文化改革发展规划》，提出"大力发展网络出版、手机出版等数字出版新兴业态……鼓励印刷企业进行数字化改造，支持我省拥有自主知识产权的数字印刷材料的研发生产和推广运用"。

## 第三节 产业布局政策

2003—2017 年间，我国各级政府开始注重出版产业的数字化升级，此阶段的出版产业布局政策可以分为中央和地方两级政府颁布的数字化转型升级的出版产业布局政策。

中央颁布的数字化转型升级出版产业布局政策，主要是从我国出版产业数字化转型升级的整体角度对全国进行规划布局，具体内容包括积极支持以基础条件发展良好地区带动产业数字化升级、鼓励落后地区发展数字出版和支持品牌数字产品和企业走出去。

积极支持以基础条件发展良好地区带动产业数字化升级方面，2010年 1 月 5 日，新闻出版总署颁布了《关于加快我国数字出版产业发展的若干意见》，提出要推动数字出版产业聚集区建设，"打破行政区划壁垒，在有条件的区域建设数字出版产业聚集区，形成一批核心数字出版产业集群和特色产业基地；吸引国内国际知名的相关企业落户，逐步形成产业集群效应；支持进入国家级数字出版基地的企业开展互联网出版业务"。2011 年 4 月 20 日，新闻出版总署颁布《新闻出版业"十二五"时期发展规划》，提出了"进一步加快建设新闻出版产业带、产业园区和产业基地，继续推动长三角、珠三角、环渤海等新闻出版产业集群、产业带建设，重点发展数字出版、版权创意、印刷复制产业等产业园区和基地，鼓励差异化、特色化发展，促进产业区域协调发展，提升新闻出版产业集中度"。2017 年 4 月 11 日，文化部出台了《关于加快我国数字出版产业发展的若干意见》，提出"结合'一带一路'建设、京津冀协同发展、长江经济带发展等区域发展战略，以要素禀赋、产业配套为基础，加强创新创意资源联动，形成若干数字文化产业发展集聚区；将数字文化产业发展与国家级新区、国家自主创新示范区、自由贸易试验区、经济技术开发区、高新技术产业园区发展相衔接，以市场化方式促进产业集聚"。2017 年 5 月 7 日，中共中央办公厅、国务院办公厅颁布了《国家"十三五"时期文化发展改革规划纲要》，提出要"优化文化产业结构布局，加快发展网络视听、移动多媒体、数字出版、动漫游戏、创意设计、3D 和巨幕电影等新兴产业，推动出版发行、影视制作、工艺美术、印刷复制、广告服务、文化娱乐等传统产业转型升级……围绕'一带一路'建设、京津冀协同发展、长江经济带发展等国家战略，加强重点文化产业带建设"。2017 年 9 月 20 日，新闻出版广电总局颁布了《新闻出版广播影视"十三五"发展规划》，提出"优化产业布局，调整产业结构，围绕'一带一路'建设、京津冀协同发展，长江经济带建设等国家战略，加强新闻出版广播影视产业基地（园区）和特色小镇建设，充分发挥其在带动产业发展中的示范引领作用，着力打造产业集群……推动产业资源整合升级"。

鼓励落后地区发展数字出版方面，2010 年 8 月 16 日，新闻出版总署颁布了《关于进一步推动新闻出版产业发展的指导意见》，提出要"建设新闻出版产业带、产业园区和产业基地，发挥产业集群优势……

重点发展少数民族语言文字出版、数字出版、版权创意等产业园区和基地，大力推进国家级产业园区和基地建设"。2017 年 9 月 20 日，新闻出版广电总局颁布了《新闻出版广播影视"十三五"发展规划》，提出发展"少数民族新闻出版东风工程，加强民文出版译制和印刷发行能力建设，继续支持少数民族自治区、自治州改善新闻出版基础设施条件、提升技术装备水平，继续实施民族文化数字出版促进工程"。

支持品牌数字产品和企业走出去方面，2011 年 4 月 20 日，新闻出版总署颁布《新闻出版业"十二五"时期发展规划》，提出了"大力实施'走出去'重点工程、重点实施'经典中国'国际出版工程、中国图书对外推广计划、数字出版产品'走出去'工程、中国出版物国际营销渠道拓展工程、重点新闻出版企业海外发展扶持工程，边疆地区新闻出版业'走出去'扶持计划、两岸出版交流合作项目等重大工程"。

2003—2017 年，地方政府也出台了各自的出版产业布局政策，对促进我国出版产业数字化转型起到了积极的促进作用。比如 2011 年 10 月 14 日，深圳市人民政府出台了《深圳文化创意产业振兴发展规划(2011—2015 年)》，提出"根据各区域产业发展基础与资源优势，突出重点、适度交叉、协调推进、错位发展，形成各具特色的功能区域，实现文化创意产业合理布局、集约发展……前海片区：贯彻落实《前海深港现代服务业合作区总体发展规划》，发挥特殊的区位和政策优势，重点发展创意设计、新媒体及文化信息服务业、数字出版业……深化深港文化创意产业合作，整合产业资源，促进区域创意设计、动漫游戏、数字出版、影视传媒等产业的分工协作和优势互补，吸引国内外文化创意企业总部、知名设计机构、文化中介服务机构、研发中心、采购中心入驻，共同打造世界级的文化创意产业中心"。2011 年 8 月 17 日，广东省新闻出版广电局颁布了《数字出版"十三五"发展规划》，提出了"进一步开拓农村和少数民族数字出版产品消费市场，利用社交网络平台，建立数字出版网络社区等传播载体，促进传统新闻出版读者群和新兴出版用户群的有机融合，着力增强用户黏性。借力商业网站的微博微信微店等渠道，不断扩大数字出版产品的用户规模，进一步扩大覆盖面"。

2012 年 3 月 15 日，江苏省人民政府出台了《关于加快江苏数字出版产业发展意见的通知》，提出"加快数字出版产业聚集区建设，有计划地建设数字出版产业带、产业园区和产业基地，以南京为主体，苏州、无锡和扬州为两翼，加快推进江苏国家数字出版基地建设，重点发展数字图书、数字报刊、互联网出版等门类，提高产业集中度和集约化经营水平"。2016 年 10 月 10 日，浙江省人民政府颁布了《浙江省文化产业发展"十三五"规划》，提出"按照依托产业基础、优化资源配置、形成差异竞争、促进集群发展的布局思路，构筑'一核三极三板块'的全省文化产业发展格局，推进形成以杭州为中枢的全省文化产业核心……杭州市——全省文化产业发展核心引擎……引导发展数字内容、新闻出版、影视服务、动漫游戏、创意设计、演艺娱乐、艺术品交易等特色行业"。

总体来看，地方政府出台的有关出版产业数字化转型升级的政策是我国整体出版产业布局政策的组成部分，是中央政府出版产业布局政策进一步的内容细化，对促进我国出版产业数字化转型起到了积极作用。

## 第四节 产业外贸政策

随着国家经济实力的增加，我国开始考虑"软实力"问题，即我国文化在世界的影响力。所以，此阶段我国党和政府出台了一系列出版产业外贸政策来增强我国出版产业在世界的竞争力，扩大我国文化在世界范围的影响力。2003—2017 年数字化背景下出版产业外贸政策的核心内容就是"走出去"战略，具体来说包括三个方面的内容：一是政府为我国数字出版企业开拓国际市场创造基本条件；二是打造有实力的企业和产品，塑造品牌，积极走出去参与国际竞争；三是实施"走出去"重大出版工程。

第一，政府为我国数字出版企业开拓国际市场创造基本条件。2003 年 9 月 4 日，文化部颁布《关于支持和促进文化产业发展的若干意见》，该意见提出了文化产业要实施"走出去"的发展战略，具体的支持措施包括三个方面：一是我国文化企业对外提供文化产品和服务，将在金融、保险、外汇、财税、人才、法律、信息服务、出入境管理等方面得到政府的支持，为我国文化企业开拓国际市场创造条件；二是对于国内较强创新能力和竞争实力的大型国有文化企业进行扶持，做大做强一批对外交流的文化品牌，将我国优秀的文化产品推广到国际市场；三是扩大与管理规范、技术先进的国外文化集团的合作，提高我国文化产品与服务的市场质量。2006年12月30日，新闻出版总署颁布《关于印发〈新闻出版业"十一五"发展规划〉的通知》，提出要实行"中国新闻出版业走出去"战略，具体内容有两个方面：一是以国际汉文化圈和西方主流文化市场为重点，大力推进出版物走出去、版权走出去、新闻出版业务走出去和资本走出去；二是有计划、分阶段地开发、扩大国际市场。2009年9月26日，国务院颁布《文化产业振兴规划》，提出要扩大我国文化企业产品和服务的对外出口，具体支持措施包括如下四个方面：一是落实国家鼓励和支持文化产品和服务出口的优惠政策，在市场开拓、技术创新、海关通关等方面给予支持；二是抓好国际营销网络建设，重点扶持具有民族特色的文化产品服务的出口；三是鼓励文化企业通过独资、合资、控股、参股等多种形式，在国外兴办文化实体，建立文化产品营销网点，实现落地经营；四是办好国家重点支持的文化会展，支持文化企业参加境外文化会展。2010年8月16日，新闻出版总署颁布《关于加快我国数字出版产业发展的若干意见》，提出"推动数字出版'走出去'，鼓励企业充分利用国际国内两种资源和两个市场，借助网络传输快捷、覆盖广泛和无国界特性，加快推动优秀出版物通过数字出版方式进入国际市场，参与国际竞争，不断增强中国新闻出版的传播能力，提高中华文化的国际影响力"。2017年4月11日，文化部颁布了《关于推动数字文化产业创新发展的指导意见》，提出"参与数字文化产业国际分工与合作。充分利用国内国外两个市场、两种资源，鼓励企业参与国际分工与合作……推动产业链全球布局，针对重点国别地区确定不同的推进方式和实施路径，实现产业链资源优化整合。积极面向'一带一路'沿线国家开展国际合作"。

第二，政府积极打造有实力的企业和产品，塑造品牌，积极走出去参与国际竞争。2010 年 1 月 1 日，新闻出版总署颁布《关于进一步推动新闻出版产业发展的指导意见》，提出要基本扭转新闻出版产品和服务的出口逆差状况，推动新闻出版产业"走出去"，主要措施包括如下四个方面：一是加大支持新闻出版产品对外贸易、版权输出、合作出版的力度；二是支持各种所有制的新闻出版企业到境外投资兴办实体；三是充分发挥国际合作网络和平台的作用；四是为新闻出版产业"走出去"提供服务，设立出版物海外推广中心、实施翻译人才库工程。2010 年 8 月 16 日，新闻出版总署颁布《关于加快我国数字出版产业发展的若干意见》，提出"重点扶持和培育在'走出去'方面措施得力、成效显著的数字出版骨干企业和示范单位，对切实跨出国门并取得显著成绩的重大项目和重点企业予以资金资助、税收减免和其他奖励"。2011 年 4 月 20 日，新闻出版总署颁布《新闻出版业"十二五"时期发展规划》，提出要"统筹国际国内两个大局，推动新闻出版业'走出去'"，具体的措施有如下五个方面：一是打造一批具有国际竞争力的大型传媒集团和物流企业，使新闻出版产品、服务、企业、资本"走出去"步伐明显加快；二是资助优秀出版物对外翻译，扩展版权输出与对外合作出版的区域和范围，提高版权输出质量；三是支持有能力的企业扩大对外投资，通过多种方式在境外兴办新闻出版实体，拓展新闻出版业务；四是办好北京国际图书博览会等重要国际性展会，继续开展重要国际书展的中国主宾国活动；五是积极开展同港澳台的出版交流合作，充分利用香港、澳门区位优势，推动新闻出版产品和服务出口。2012 年 2 月 27 日，新闻出版总署颁布《关于加快出版传媒集团改革发展的指导意见》，提出"支持出版传媒集团采取多种方式走出去……支持有竞争力的传统出版产品和多种形态的数字出版产品进入国际市场；支持有实力的出版传媒集团兼并、收购境外有成长性的优质出版企业……进一步拓展国际主流营销渠道，开拓网络书店、在线阅读等新型出版物销售渠道，整合海外华文出版物营销渠道，构建中国出版产品国际立体营销网络和国际交易平台"。2012 年 5 月 7 日，文化部颁布《"十二五"时期文化改革发展规划》，提出"加大已有支持对外文化贸易各项优惠政策的落实力度，进一步落实完善有关财税政策，支持文化企业走出去。支持文化企业在海外投资、投标、收购、营销、参展和宣传等市场开拓活动，依法完善对文化企业的出境出口审批政策，减少出境出口审批程序，为文化企业走出去提供通关便利。对符合条件的文化企业发展海外业务给予账户开立、资金汇兑方面的政策便利。加强文化企业和文化产品在进出口环节的知识产权保护，维护权利人的合法权益"。2012 年 9 月 9 日，新闻出版总署颁布《关于加快我国新闻出版业"走出去"的若干意见》，提出"加快推动数字出版产品'走出去'，鼓励和扶持新闻出版企业生产更多外向型数字出版产品。实施骨干带动战略，推动数字出版重点企业和产业基地'走出去'……发挥规模优势，扩大优质在线出版内容增值服务范围、增强内容增值服务能力，全面提升我国数字出版产品的核心价值和数字出版企业的国际竞争力"。2014 年 12 月 18 日，新闻出版广电总局颁布《关于推动网络文学健康发展的指导意见》，提出"开展对外交流，推动'走出去'，支持有条件的网络文学企业通过海外并购、联合经营、设立分支机构等方式开拓海外市场，加大对优秀网络文学作品对外贸易、版权输出、合作出版传播渠道的拓展扶持力度；鼓励以技术、标准、产品、品牌、知识产权、差异化服务等自身优势和特点参与国际竞争"。

第三，实施"走出去"重大出版工程，提升出版产业国际影响力。2006 年 9 月 13 日，中共中央、国务院联合颁布《国家"十一五"时期文化发展规划纲要》，在规划我国对外文化交流方面，涉及文化产业发展的主要有两个措施：一是培育外向型骨干文化企业，主要是做大做强一批国内知名对外文化企业和文化产业品牌，支持其向外扩张，同时也要积极培育一批对外文化中介机构；二是实施"走出去"重大工程项目。

2011 年 1 月 7 日，浙江省人民政府出台了《关于印发浙江省文化产业发展规划（2010—2015）的通知》，提出"大力支持国家文化出口重点企业和重点项目，持之以恒地打造文化品牌。推动全省出版业积极参与'中国图书推广计划'，加强与境外出版机构的合作，扩大浙版出版物出口和版权输出"。2011 年 4 月 20 日，新闻出版总署颁布《新闻出版业"十二五"时期"走出去"发展规划》，提出"重点实施'经典中国'国际出版工程、中国图书对外推广计划、数字出版产品'走出去'工程、中国出版物国际营销渠道拓展工程、重点新闻出版企业海外发展扶持工程，边疆地区新闻出版业'走出去'扶持计划、两岸出版交流合作项目等重大工程"。

## 第五节　产业金融财政政策

2003—2017 年数字化背景下出版产业财政与金融政策主要内容有如下三个方面：一是加大政府对出版产业数字化转型升级的资金投入，通过安排专项资金和基金，进行财政扶持；二是落实税收优惠政策，促进产业发展；三是进行金融扶持，促进数字出版企业发展。

第一，政府加大对出版产业数字化转型升级的资金投入，进行财政扶持。2006 年 9 月 13 日，中共中央、国务院联合颁布《国家"十一五"时期文化发展规划纲要》，提出继续执行和完善支持文化产业发展的经济政策、设立国家文化发展专项资金和基金、加大政府投入；其中在国家文化发展专项资金和基金方面包括了十二项内容，涉及出版产业发展的具体有宣传文化发展专项资金、文化事业建设费、国家出版基金、宣传文化单位实行增值税优惠政策、农村文化建设专项资金、鼓励对宣传文化事业捐赠的经济政策、文化产品和服务出口退税及相关优惠政策、文化体制改革单位享受文化体制改革试点中支持文化产业发展和经营性文化事业单位转制为企业的各项政策。2009 年 9 月 26 日，国务院颁布《文化产业振兴规划》，在政府投入方面，该规划提出中央和地方各级人民政府要通过贷款贴息、项目补贴、补充资本金、增加扶持文化产业发展专项资金和文化体制改革专项资金的规模，支持文化产业的改革与发展。2010 年 1 月 1 日，新闻出版总署颁布《关于进一步推动新闻出版产业发展的指导意见》，提出"加大对新闻出版产业发展的投入。积极争取各级财政支持，采取贴息、补助、奖励等方式，支持新闻出版产业发展"。2011 年 4 月 20 日，新闻出版总署颁布了《新闻出版业"十二五"时期"走出去"发展规划》，提出加大对"走出去"的财政投入，充分运用国家文化产业发展专项资金、国家文化出口重点企业和项目扶持资金、国家出版基金、民族文字出版专项资金，对符合条件的新闻出版企业通过银行贷款实施的"走出去"重点项目所发生的利息给予补贴；对符合条件的新闻出版企业以自有资金为主投资的"走出去"重点项目给予补助；对"走出去"重点企业按照出口实绩给予奖励；对"走出去"重点项目所必需的财产保险和出口信用保险费用，给予适当补助；对重点出版物的版权输出给予扶持；注意利用中央外贸发展基金、援外资金以及中小企业国际市场开拓资金等有关资金扶持项目。2014 年 4 月 2 日，国务院办公厅颁布《进一步支持文化企业发展的规定》，提出要加大财政对文化科技创新的支持，将文化科技纳入国家相关科技发展规划和计划，积极鼓励文化与科技深度融合，促进文化企业、文化产业转型升级，发展新型文化业态。2015 年 3 月 31 日，新闻出版广电总局、财政部联合颁布了《关于推动传统出版和新兴出版融合发展的指导意见》，提出加大财政政策支持力度，充分发挥财政引导示范和带动作用，着力改善传统出版和新兴出版融合发展环境；加大中央文化产业发展专项资金支持力度，完善和落实项目补助、贷款贴息、保费补贴、绩效奖励等措施，更好地与新闻出版改革发展项目库等进行衔接，实现财政政策、产业政策与企业需求的有机衔接；加大国家出版基金对涉及出版融合发展的项目支持力度。继续实施新闻出版业转型升级重大项目，探索将传统出版和新兴出版融合发展纳入重大项目支持范围，突出重点、分步实施、逐年推进。2017 年 3 月 17 日，新闻出版广电总局、财政部联合颁布了《关于深化新闻出版业数字化转型升级工作的通知》，提出要加强政策扶持，加强对开展数字化转型升级工作的具体指导，通过发布一系列具体指导性文件，做出具体工作部署。充分利用新闻出版改革与发展项目库，优先考虑将深化新闻出版业数字化转型升级项目纳入新闻出版改革与发展项目库，加强对重点项目的组织、管理、协调、支持和服务。

第二，实行税收优惠，支持出版产业的数字化升级。2009 年 3 月 27 日，财政部、海关总署和税务总局联合颁布《关于支持文化企业发展若干税收政策问题的通知》，规定出版高新企业享受 15% 的企业所得税减免；出版企业库存中存在呆滞出版物的，可以按照财产损失在税前扣除；出口的出版物享受增值税出口退税，为国内生产重点出版物进口国内不能生产的机器时，免征进口关税。2006 年 12 月 5 日财政部和税务总局联合颁布《关于宣传文化增值税和营业税优惠政策的通知》，具体的政策包括如下三个方面：一是对于音像制品和电子出版物的增值税税率由 17% 降为 13%；二是对于部分出版物的出版和印刷实行增值税的先征后退；三是对县和县级以下的新华书店、供销社的发行网点免征增值税。2011 年 4 月 20 日，新闻出版总署颁布了《新闻出版业"十二五"时期"走出去"发展规划》，提出加大"走出去"税收扶持力度，认真贯彻落实国家支持文化企业发展的相关税收政策，对新闻出版企业在境外提供文化劳务取得的境外收入不征营业税，对企业向境外提供翻译劳务和进行著作权转让而取得的境外收入免征营业税，对在境外已缴纳的所得税款按现行有关规定抵扣，协调有关部门，进一步简化新闻出版企业出版物出口报关、退税、人员出国、外汇办理等有关手续。2014 年 4 月 24 日，新闻出版广电总局、财政部联合颁布了《关于推动新闻出版业数字化转型升级的指导意见》，提出加大财政对新闻出版业数字化转型升级的支持力度，将新闻出版业数字化转型升级项目作为重大项目纳入中央文化产业发展专项资金扶持范围，分步实施、逐年推进；发挥财政资金杠杆作用，推动重点企业的转型升级工作，引导企业实施转型升级项目；进一步完善新闻出版改革与发展项目库建设，征集符合本指导意见并具有较强示范带动效应的新闻出版业数字化转型升级项目，加强对重点项目的组织、管理、协调、支持和服务。2014 年 11 月 27 日，财政部、海关总署、国家税务总局联合颁布了《关于继续实施支持文化企业发展若干税收政策的通知》，提出"对从事文化产业支撑技术等领域的文化企业，按规定认定为高新技术企业的，减按 15% 的税率征收企业所得税；开发新技术、新产品、新工艺发生的研究开发费用，允许按照税收法律法规的规定，在计算应纳税所得额时加计扣除"。2014 年 12 月 18 日，新闻出版广电总局颁布了《关于推动网络文学健康发展的指导意见》，提出积极争取各级财政对网络文学发展的扶持，加大对优质原创内容支持；完善相关出版基金和专项资金的支持方式，重点扶持符合国家文化创新和精品生产、具有示范性和导向性的网络文学出版产业项目研发，以财政资金引导带动更多社会资本的参与；积极推动网络文学出版等环节增值税优惠政策的落实。2017 年 4 月 11 日，文化部颁布《关于推动数字文化产业创新发展的指导意见》，提出支持符合条件的数字文化企业申报高新技术企业认定，享受减按 15% 的税率征收企业所得税等政策。对企业发生的符合条件的创意和设计费用执行税前加计扣除政策。

第三，积极利用金融手段，为数字化背景下的优秀企业提供发展资金。2009 年 9 月 10 日，文化部颁布《关于加快文化产业发展的指导意见》，提出用金融手段来支持文化产业发展，具体包括制定金融政策支持文化产业发展、加强和金融机构之间的合作关系、建立文化信贷公司、建立文化产业的风险投资基金等方面的措施。2009 年 4 月 27 日，商务部、新闻出版总署等 5 部委联合颁布《关于金融支持文化出口的指导意见》，提出从提供丰富的金融产品、担保方式和相关的配套服务等方面来支持文化企业对外发展。2010 年 3 月 19 日，中宣部、新闻出版总署等 9 部委联合颁布《关于金融支持文化产业振兴和发展繁荣的指导意见》，提出了五条具体的措施来促进文化产业的发展：一是积极开发适合文化产业特点的信贷产品，加大有效的信贷投放；二是完善授信模式，加强和改进对文化产业的金融服务；三是大力发展多层次资本市

场，扩大文化企业的直接融资规模；四是积极培育和发展文化产业保险
市场；五是健全有利于金融支持文化产业发展的配套机制。2011年4
月20日，新闻出版总署颁布了《新闻出版业"十二五"时期"走出
去"发展规划》，提出加大"走出去"金融扶持力度，认真贯彻落实国
家支持文化企业发展的相关金融政策，鼓励有条件的新闻出版企业用好
用足贴息贷款等有关信贷产品；鼓励新闻出版企业与银行加强合作，争
取更为灵活的服务于"走出去"的授信模式；鼓励列入国家文化出口
重点企业和项目目录的新闻出版企业和项目积极利用出口信用保险服务
及保险费补助，有效分散"走出去"的运作风险。2014年3月17日，
文化部、中国人民银行、财政部联合颁布《关于深入推进文化金融合
作的意见》，提出实施"文化金融扶持计划"，支持文化企业在项目实
施中更多运用金融资本，实现财政政策、产业政策与文化企业需求有机
衔接，完善和落实贷款贴息、保费补贴等政策措施，引导金融资本投向
文化产业，逐步建立文化产业贷款风险分担补偿机制，为文化企业融资
提供风险屏障。2017年4月11日，文化部颁布《关于推动数字文化产
业创新发展的指导意见》，提出加大直接融资力度，鼓励符合条件的数
字文化企业通过各类资本市场融资，积极运用债券融资，支持设立数字
文化产业创业投资引导基金和各类型相关股权投资基金；建立投融资风
险补偿和分担机制，鼓励开发性、政策性、商业性金融机构支持数字文
化产业发展，推进投贷联动，实现财政政策、金融政策、产业政策的有
机衔接。

　　此阶段，地方政府也根据当地出版产业的数字化转型升级的具体情
况，出台了金融财政政策，促进出版产业的发展。比如2011年11月
29日，杭州市人民政府颁布了《关于加快杭州市国家数字出版基地建
设的通知》，提出在杭州市文化创意专项资金中设立杭州市数字出版产
业发展专项资金，主要用于扶持数字出版产业发展和国家数字出版基地
建设；充分发挥财政资金的引导和放大作用，鼓励、引导和规范社会资
本进入政策许可的数字出版领域；设立政府创业引导基金，采用阶段参

股、跟进投资等方式，吸引国内外的风险资本投向数字出版企业；用足用好财税政策和金融信贷政策，大力发展数字出版高新技术企业，并将其纳入市级高新技术企业认定范畴，经认定的企业可享受财政扶持等优惠政策；对拥有核心自主知识产权、符合相关条件，经认定为国家重点扶持的高新技术企业，可按 15% 的税率征收企业所得税；进一步简化研究开发费用加计扣除审批程序；支持和引导担保机构为经认定的从事数字出版业务的文化创意企业融资提供担保；对政府鼓励新办的报业、出版、发行等数字出版企业，免征 3 年企业所得税；鼓励数字出版企业加大技术开发投入力度，企业研究开发新产品、新技术、新工艺所发生的各项费用，不受比例限制，计入管理费用；企业为开发新技术、研制新产品所购置的试制用关键设备、测试仪器，单台价值在 30 万元以下的，可一次或分次摊入管理费用；企业为开发新产品、新技术、新工艺发生的研究开发费用，未形成无形资产计入当期损益的，在按照规定据实扣除的基础上，按照研究开发费用的 50% 加计扣除；形成无形资产的，按照无形资产成本的 150% 摊销。

2011 年 3 月 25 日，上海市人民政府办公厅颁布了《关于促进本市数字出版产业发展若干意见的通知》，提出鼓励国内数字出版龙头企业入驻上海，对本市出版单位符合本市数字出版产业引导目录的项目，优先给予资金支持；对数字出版企业拥有自主知识产权的数字产品和技术，经有关部门认定，纳入《上海市自主创新产品目录》和《上海市政府采购自主创新产品目录》的，在参加本市政府采购活动时可享受优惠政策，鼓励财政性资金予以优先采购；符合条件的创业投资企业采取股权投资方式投资于未上市的符合中小高新技术企业条件的数字出版企业两年以上的，可按照其投资额的 70%，在股权持有满两年的当年抵扣该创业投资企业的应纳税所得额，当年不足抵扣的，可以在以后纳税年度结转抵扣；数字出版企业为开发新技术、新产品、新工艺发生的研究开发费用，未形成无形资产计入当期损益的，在按照规定据实扣除的基础上，按照研究开发费用的 50% 加计扣除，形成无形资产的，按照无形资产成本的150%摊销；对属于增值税一般纳税人的数字出版企业销售其自行开发生产的软件产品，按照17%的法定税率征收增值税，对其实际税负超过3%的部分，按照规定实施即征即退。所退税款由企业用于研究开发软件产品和扩大再生产，不作为企业所得税应税收入，不予征收企业所得税；被认定为动漫企业的数字出版企业，可申请享受国家现行鼓励软件产业发展的有关增值税、所得税优惠政策；其自主研发、生产动漫直接产品，确需进口的商品，可按国家有关规定，享受免征进口关税和进口环节增值税的优惠政策。

## 第六节　产业可持续发展政策

此阶段数字化背景下出版产业可持续发展的内容主要包括两个方面：一是鼓励绿色环保的产业发展模式，这主要体现在出版产业的印刷环节，目的是为了适应全球的产业发展趋势；二是积极培育出版产业数字化转型的各种人才，人才是产业发展的核心要素，产业要可持续发展，人才是关键。

第一，鼓励发展环保的产业发展模式，顺应产业发展趋势，特别是出版产业的印刷环节。2010年1月1日，新闻出版总署出台了《关于进一步推动新闻出版产业发展的指导意见》，提出支持印刷企业上下游共同探索循环用纸等新材料、新工艺的研发和应用，大力发展绿色印刷；对高耗能、高排放的落后产能，要运用环保、技术标准、产业和融资政策等手段，坚决予以淘汰。2011年4月20日，新闻出版总署颁布了《新闻出版业"十二五"时期发展规划》，提出推行绿色出版战略，倡导低碳环保生产模式，在全行业推行"绿色出版"的环保理念，推广高效节能技术和产品的应用；打造"绿色"印刷产业，实施数字印刷与印刷数字化工程、绿色环保印刷体系建设工程两个子项目，加快印刷技术、工艺、管理的创新和产业化步伐，实现喷墨数字印刷技术自主开发和应用,逐步建立和完善绿色印刷环保质量体系,发挥绿色印刷和数字技术对整个印刷产业实施创新驱动、内生增长的引导作用,带动产业转型和升级。2014年2月26日,国务院颁布《关于推进文化创意和设计服务与相关产业融合发展的若干意见》,提出推进数字绿色印刷发展,引导印刷复制加工向综合创意和设计服务转变,推动新闻出版数字化转型和经营模式创新;牢固树立绿色节能环保理念,充分发挥市场作用,促进资源合理配置。2014年4月4日,财政部颁布《关于申报2014年度文化产业发展专项资金的通知》,提出对产业内实施环保印刷设备升级改造工程予以财政支持,具体是重点支持企业购置更新环保印刷设备,扩大高端环保印刷生产能力,增强核心竞争力,支持绿色环保原辅材料研发及推广。2017年9月20日,新闻出版广电总局颁布了《新闻出版广播影视"十三五"发展规划》,提出继续推动绿色印刷,完善绿色印刷体系,推进印刷业转型升级……绿色印刷推广工程,积极培育绿色印刷消费市场,鼓励引导印刷企业实施绿色印刷,支持绿色印刷产业示范项目;扩大绿色印刷产品范围和绿色印刷市场,完善绿色印刷系列标准;提高绿色印刷质量监督检测能力,加快建设绿色印刷质检实验室;不断提高绿色印刷产能在印刷业中的比重;继续支持珠三角、长三角和京津冀等绿色印刷复制产业带建设。

此阶段地方政府也出台了各自政策来支持绿色环保的出版产业可持续发展。比如,2011年10月14日,深圳市人民政府出台了《深圳文化创意产业振兴发展规划(2011—2015年)》,提出重点发展数字印刷、绿色印刷、立体印刷、快速印刷等相关产业。2012年3月15日,江苏省人民政府出台了《关于加快江苏数字出版产业发展意见的通知》,提出引导和鼓励传统印刷复制企业积极采用数字和网络技术,改造印刷生产流程和设备,大力发展数字印刷,提高对消费者多样化、个性化需求的服务供给能力,积极推进绿色环保印刷。

第二,积极培育出版产业数字化转型的各种人才,因为出版产业要实行数字化转型，数字出版人才是关键，所以此阶段出台的政策几乎都会提及数字出版人才培养内容。2010年1月1日，新闻出版总署颁布了《关于进一步推动新闻出版产业发展的指导意见》，提出强化新闻出版产业发展的人才保障，以培养新闻出版各类领军人物为目标，统筹抓好领导人才、经营管理人才、专业技术人才特别是复合型人才队伍建设，造就一批名作者、名编辑、名记者、行业技术专家和出版家、企业家；加快人才培养和队伍培训，设立人才培养专项资金，以定向培养、公开招聘、业外引进等方式，培养、吸引和凝聚优秀人才；完善新闻出版专业技术人员职业资格制度，以职业准入和岗位准入为抓手，不断提高基层人才队伍素质；把非公有文化机构的人才队伍纳入行业人才建设体系，积极培养和充分发挥其作用；创新人才激励机制，健全人才选拔机制，完善人才流动机制，形成有利于各类人才脱颖而出的体制环境。2010年8月16日，新闻出版总署出台了《关于加快我国数字出版产业发展的若干意见》，提出加快人才培养，要不断完善数字出版人才培养体系，加大数字出版人才培养力度，特别是传统出版单位数字出版高级管理人才、高级营销人才、高级策划人才及数字出版编辑人才的培养，加快解决数字出版产业高层次、复合型人才的短缺问题；积极开展形式多样的数字出版产业经营管理人才培训，鼓励数字出版企业与高等院校及科研机构合作，建立人才培养和实训基地，逐步建立起教育培训和岗位实践相结合的数字出版产业人才培养机制；进一步健全人才引进、使用和考核机制。2011年4月20日，新闻出版总署颁布了《新闻出版业"十二五"时期发展规划》，提出确立人才优先发展战略，以培养新闻出版各类领军人物为目标。2014年4月24日，新闻出版广电总局、财政部出台了《关于推动新闻出版业数字化转型升级的指导意见》，提出了加强数字出版人才队伍建设，具体内容是支持出版企业与高校、研究机构联合开展基础人才培养，开展定向培养；支持相关技术企业与高校、研究机构联合开展数字出版业务高级人才培养；支持、鼓励技术企业

提供技术支撑，参与高校、研究机构的高级人才培养计划，开展面向
出版企业在岗高级数字出版人才的培养。2015 年 3 月 31 日，新闻出
版广电总局和财政部联合颁布了《关于推动传统出版和新兴出版融合
发展的指导意见》，提出强化人才队伍建设，制定出版融合发展人才
培养规划，支持出版单位与高校、研究机构和创新型企业联合开展出
版融合发展人才培养，加大新兴出版内容生产人才、技术研发人才、
资本运作人才和经营管理人才培养引进力度，进一步优化人才结构；
建立出版融合发展人才资源库；鼓励出版传媒集团设立人才基金，鼓
励出版单位加强领军人才和复合型人才队伍建设；建立健全绩效考核
体系，创新项目用人机制，探索出版融合发展条件下吸引人才、留住
人才、用好人才的有效途径。2017 年 3 月 17 日，新闻出版广电总局
和财政部联合颁布了《关于深化新闻出版业数字化转型升级工作的通
知》，提出要加快人才培养，具体内容是选派数字出版业务负责人和
业务骨干积极参与数字出版千人培养计划，通过高校集中学习、新媒
体企业实训和走出去交流等环节，培养推动数字化转型升级的高端复
合型人才和专门人才；鼓励新闻出版企业和行业社团组织联合研究机
构、高等院校、技术企业等创新数字出版人才培养模式，开展专题和
专业培训；倡导高等院校加强数字出版及相关专业学科建设，加快培
养数字出版基础人才，扩大数字出版人才储备池。2017 年 4 月 11 日，
文化部颁布了《关于推动数字文化产业创新发展的指导意见》，提出
强化产业人才支撑，加大人才培养力度，创新人才培养模式，开展人
才实训和交流，培养兼具文化内涵、技术水准和创新思维的数字文化
产业人才。2017 年 9 月 20 日，新闻出版广电总局颁布了《新闻出版
广播影视"十三五"发展规划》，提出加强专业人才队伍建设，实施
重点人才培养工程，全面规划、系统培养领导人才、经营管理人才、
专业技术人才，特别是复合型人才与行业急需紧缺人才；落实好文化
名家工程暨"四个一批"人才工程部署，继续深入开展新闻出版广播
影视行业领军人才工程、名人名品工程和青年英才、创新人才培养工

程，实施媒体融合千人培养计划，切实抓好"影视创作百人计划""优秀青年导演编剧扶持计划"等人才项目，实施"新闻出版广播影视专业技术人才知识更新工程"，逐步实施重大项目首席专家制度；服务行业发展，开展大规模教育培训，完善新闻出版广播影视专业技术人员继续教育制度，分类组织开展行业急需紧缺人才和专业技术人才继续教育，积极推进行业教育培训师资队伍建设和培训教材建设，加强培训基地建设，拓展培训手段，丰富培训内容，提高培训的针对性和实效性，充分发挥教育指导委员会和行业指导委员会的作用；支持高等院校开办新闻出版广播影视相关专业，大力培养新闻出版广播影视融合发展各类新型人才；加大在基层实践中培养锻炼人才力度，积极选派优秀人才到基层单位挂职锻炼。

地方政府出台政策方面，2011 年 10 月 14 日深圳市人民政府出台了《深圳文化创意产业振兴发展规划（2011—2015 年）》，提出要构筑文化人才高地，坚持培养和引进相结合，落实《关于加强高层次专业人才队伍建设的意见》等全市性人才政策，积极创造有利于培养、吸引、汇集全球创意创新人才的政策环境和人文环境。2011 年 11 月 29 日，杭州市人民政府颁布《关于加快杭州市国家数字出版基地建设的通知》，提出积极引进高层次、复合型数字出版产业领军人物，重点吸纳懂出版、善经营、会技术的行业紧缺和急需人才；支持高等院校、职业院校与数字出版园区及企业联合建设人才培养基地；积极创造有利于人才脱颖而出的制度环境；鼓励高等院校、科研院所的教授、研究员通过专职、兼职形式创办或受聘于基地的数字出版企业，研究和开发数字出版技术及产品，在企业任职期间，教授、研究员的资格予以保留；鼓励高等院校、科研院所聘请企业高级管理人员和技术人员担任兼职教授、研究员。鼓励在校大学生创办高新技术企业。2012 年 3 月 15 日，江苏省人民政府出台了《关于加快江苏数字出版产业发展意见的通知》，提出建立数字出版人才库，加强传统出版单位数字出版高级管理人才、高级营销人才、高级策划人才及数字出版编辑人才的培养，造就一批数字出版专业技术人才和行业领军人才……依托"省高层次创新创业人才引进计划""江苏省创新团队",引进一批懂出版、懂技术、懂资本运作、懂市场营销的高端人才和具有国际影响的创新团队。鼓励企业聘用国内外高层次数字出版人才并给予政策支持;对经营者、管理人员、业务技术骨干可实行年薪制和试行期权等激励制度,允许、鼓励拥有特殊才能和自主知识产权的人才以知识产权入股并参与收益分配,促进数字出版优秀人才特别是青年人才脱颖而出。

# 第四章　数字化转型背景下的
# 出版产业结构政策

　　出版产业结构政策是指政府遵循出版产业演进的一般规律和一定时期内的变化趋势，制定并实施的有关出版产业内的资源配置方式，以促进出版产业结构向协调化和集约化方向发展的一系列综合政策。

　　而产业结构政策可以依据不同的标准划分不同的类别，常用的划分标准有技术分类标准和出版物分类标准。根据技术发展标准，可以将出版产业结构政策分为两大类：传统出版产业政策和数字出版产业政策。按照出版物标准来分，可以分成出版物内容与形式政策：根据出版物内容来划分，比如以纸质图书为例，根据其功能，出版产业政策可以分成大众类图书政策、教育类图书政策和专业类图书政策；以出版物媒介形式来划分，可以分为图书出版产业政策、音像出版产业政策、数字出版产业政策等。

　　本章按照出版物的标准来划分 2003—2017 年数字化转型背景下的出版产业结构政策，此阶段的政策分为数字出版内容政策和数字出版形式政策：数字出版内容政策主要有四个方面：创新数字出版的内容生产、积极建设数字出版内容传播渠道、实施重大数字出版工程和积极实施数字出版内容管理；数字出版形式政策主要集中在两个方面：一是传统出版产品形式的数字化；二是发展出版产品的网络新形态。本章涉及的主要政策名称见表 4 - 1。

表 4 - 1  数字化转型背景下主要的出版产业结构政策列表

| 政策名称 | 政策颁布时间 | 政策制定单位 |
|---|---|---|
| 《关于推动我国动漫产业发展的若干意见》 | 2006 年 4 月 25 日 | 国务院 |
| 《国家"十一五"时期文化发展规划纲要》 | 2006 年 9 月 13 日 | 中共中央、国务院 |
| 《关于印发〈新闻出版业"十一五"发展规划〉的通知》 | 2006 年 12 月 30 日 | 新闻出版总署 |
| 《文化产业振兴规划》 | 2009 年 9 月 26 日 | 国务院 |
| 《关于进一步推动新闻出版产业发展的指导意见》 | 2010 年 1 月 1 日 | 新闻出版总署 |
| 《关于加快我国数字出版产业发展的若干意见》 | 2010 年 8 月 16 日 | 新闻出版总署 |
| 《关于发展电子书产业的意见》 | 2010 年 10 月 9 日 | 新闻出版总署 |
| 《关于实施"十二五"时期（2011—2015年）国家重点图书、音像、电子出版物出版规划的通知》 | 2011 年 4 月 13 日 | 新闻出版总署 |
| 《新闻出版业"十二五"时期发展规划》 | 2011 年 4 月 20 日 | 新闻出版总署 |
| 《新闻出版业"十二五"时期"走出去"发展规划》 | 2011 年 4 月 20 日 | 新闻出版总署 |
| 《深圳文化创意产业振兴发展规划（2011—2015 年）》 | 2011 年 10 月 14 日 | 深圳市人民政府 |
| 《关于加快出版传媒集团改革发展的指导意见》 | 2012 年 2 月 27 日 | 新闻出版总署 |
| 《关于加快江苏数字出版产业发展意见的通知》 | 2012 年 3 月 15 日 | 江苏省人民政府 |
| 《"十二五"时期文化改革发展规划》 | 2012 年 5 月 7 日 | 文化部 |
| 《关于印发〈国家文化科技创新工程纲要〉的通知》 | 2012 年 6 月 27 日 | 科学技术部、中共中央宣传部、财政部、文化部、新闻出版广电总局、新闻出版总署 |
| 《关于印发服务业发展"十二五"规划的通知》 | 2012 年 12 月 1 日 | 国务院 |
| 《关于中央文化企业数字化转型升级项目技术需求的编制说明》 | 2013 年 9 月 29 日 | 新闻出版广电总局 |
| 《关于加强数字出版内容投送平台建设和管理的指导意见》 | 2013 年 12 月 30 日 | 新闻出版广电总局 |
| 《关于推进文化创意和设计服务与相关产业融合发展的若干意见》 | 2014 年 2 月 26 日 | 国务院 |

| 政策名称 | 政策颁布时间 | 政策制定单位 |
|---|---|---|
| 《关于推动新闻出版业数字化转型升级的指导意见》 | 2014 年 4 月 24 日 | 新闻出版广电总局、财政部 |
| 《关于公布第九批"中国民族网络游戏出版工程"项目的通知》 | 2014 年 11 月 2 日 | 新闻出版广电总局 |
| 《关于推动网络文学健康发展的指导意见》 | 2014 年 12 月 18 日 | 新闻出版广电总局 |
| 《关于推动传统出版和新兴出版融合发展的指导意见》 | 2015 年 3 月 31 日 | 新闻出版广电总局、财政部 |
| 《关于印发三网融合推广方案的通知》 | 2015 年 8 月 25 日 | 国务院办公厅 |
| 《关于繁荣发展社会主义文艺的意见》 | 2015 年 10 月 3 日 | 中共中央 |
| 《中华人民共和国国民经济和社会发展第十三个五年规划纲要》 | 2016 年 3 月 16 日 | 国务院 |
| 《"十三五"国家战略性新兴产业发展规划》 | 2016 年 11 月 29 日 | 国务院 |
| 《关于推动数字文化产业创新发展的指导意见》 | 2017 年 4 月 11 日 | 文化部 |
| 《国家"十三五"时期文化发展改革规划纲要》 | 2017 年 5 月 7 日 | 中共中央办公厅、国务院办公厅 |
| 《关于进一步扩大和升级信息消费持续释放内需潜力的指导意见》 | 2017 年 8 月 13 日 | 国务院 |
| 《新闻出版广播影视"十三五"发展规划》 | 2017 年 9 月 20 日 | 新闻出版广电总局 |

# 第一节　数字出版内容政策

## 一　创新数字出版内容生产

此阶段在数字内容生产方面，政府出台的政策主要包括两个方面的内容：一是从宏观角度鼓励数字出版内容的创新生产，支持出版企业开展出版内容资源的数字化加工制作，鼓励企业加快建设和积累优质数字内容资源；二是从微观角度对重点数字出版物的支持。

第一，从宏观角度鼓励数字出版内容的创新生产。2006 年 12 月 30 日新闻出版总署颁布《关于印发〈新闻出版业"十一五"发展规划〉的通知》，提出要用数字技术推动现代内容产业发展，主要是利用高科技对新闻出版内容资源进行全方位、深层次的全面开发利用，形成各种传媒形式与优势内容资源紧密结合发展的新格局，大力推动内容产业发展。2011 年 4 月 20 日，新闻出版总署颁布《新闻出版业"十二五"时期发展规划》，提出了加大发展新闻出版产业的"五大产业"，主要内容是通过内容创新和数字化转型，加快发展纸介质传统出版产业，加快资源整合，继续发展图书、报纸、期刊等纸介质传统出版产业；以业态创新和服务创新为重点，加快新技术应用，大力发展数字出版等战略性新兴出版产业。2013 年 12 月 30 日，新闻出版广电总局颁布了《关于加强数字出版内容投送平台建设和管理的指导意见》，提出支持传统新闻出版企业积极开展出版内容资源的数字化加工制作，加快建设和积累优质数字内容资源；鼓励获得内容原创资质的网络出版企业加大创新力度，丰富内容品种，提高创作质量，推出精品力作；鼓励各类新闻出版企业、技术研发企业、运营服务企业积极开发符合社会主义核心价值观，满足消费者高尚精神追求的产品。2014 年 2 月 26 日，国务院颁布了《关于推进文化创意和设计服务与相关产业融合发展的若干意见》，提出深入挖掘优秀文化资源，推动动漫游戏等产业优化升级，打造民族品牌；同时要坚持正确的文化产品创作生产方向，着力提升文化产业各门类创意和设计水平及文化内涵，加快构建结构合理、门类齐全、科技含量高、富有创意、竞争力强的现代文化产业体系，推动文化产业快速发展；鼓励各地结合当地文化特色不断推出原创文化产品和服务，积极发展新的艺术样式，推动特色文化产业发展。2015 年 3 月 31 日，新闻出版广电总局联合财政部共同颁布了《关于推动传统出版和新兴出版融合发展的指导意见》，提出创新内容生产和服务，始终坚持贴近需求、质量第一，严格把关、深耕细作，将传统出版的专业采编优势、内容资源优势延伸到新兴出版，更好发挥舆论引导、思想传播和文化传承作用；探索和推进出版业务流程数字化改造，建立选题策划、协同编辑、结构化加工、全媒体资源管理等一体化内容生产平台，推动内容生产向实时生产、数据化生产、用户参与生产转变，实现内容生产模式的升级和创新。顺应互联网传播移动化、社交化、视频化、互动化趋势，综合运用多媒体表现形式，生产满足用户多样化、个性化需求和多终端传播的出版产品；强化用户理念和体验至上的服务意识，既做到按需提供服务、精准推送产品，又做到在互动中服务、在服务中引导，不断增强用户的参与度、关注度和满意度。2015 年 8 月 25 日，国务院办公厅颁布了《关于印发三网融合推广方案的通知》，提出要加强数字文化内容产品和服务开发，建设数字内容生产、转换、加工、投送平台，鼓励各类网络文化企业生产弘扬主旋律、激发正能量、宣传社会主义核心价值观的信息内容产品；加强数字文化内容产品和服务开发，建设数字内容生产、转换、加工、投送平台，鼓励各类网络文化企业生产弘扬主旋律、激发正能量、宣传社会主义核心价值观的信息内容产品。2015 年 10 月 3 日，中共中央颁布了《关于繁荣发展社会主义文艺的意见》，提出大力发展网络文艺，鼓励推出优秀网络原创作品，推动网络文学、网络音乐、网络剧、微电影、网络演出、网络动漫等新兴文艺类型繁荣有序发展，促进传统文艺与网络文艺创新性融合。2016 年 3 月 16 日，国务院颁布了《中华人民共和国国民经济和社会发展第十三个五年规划纲要》，提出加强网络文化建设，实施网络内容建设工程，丰富网络文化内涵，鼓励推出优秀网络原创作品，大力发展网络文艺，发展积极向上的网络文化。2016 年 11 月 29 日，国务院颁布了《"十三五"国家战略性新兴产业发展规划》，提出丰富数字文化创意内容和形式，通过全民创意、创作联动等新方式，挖掘优秀文化资源，激发文化创意，适应互联网传播特点，创作优质、多样、个性化的数字创意内容产品；鼓励创作当代数字创意内容精品。强化高新技术支撑文化产品创作的力度，提高数字创意内容产品原创水平，加快出版发行、影视制作、演艺娱乐、艺术品、文化会展等行业数字化进程，提高动漫游戏、数字音乐、网络文学、网络视频、在线演出等文化品位和市场价值；鼓励多业态联动的创意开发模式，提高不同内容形式之间的融合程度和转换效率，努力形成具有世界影响力的数字创意品牌，支持中华文化"走出去"。2017 年 4 月 11 日，文化部颁布了《关于推动数字文化产业创新发展的指导意见》，提出以供给侧结构性改革为主线，提升数字文化产业文化内涵、技术水平和产品质量，加强数字文化产业原创能力建设，鼓励全民创意、创作联动等新方式，发挥高新技术对内容创作、产品开发、模式创新的支撑作用，提高产品品质、丰富表现形式；顺应群众期盼和市场需求，结合引导城乡居民扩大文化消费试点工作，增加数字文化产业有效供给，补齐内容短板、丰富服务模式、提升消费体验，引领时尚消费潮流，满足现代生活方式需求；实施数字内容创新发展工程，鼓励对艺术品、文物、非物质文化遗产等文化资源进行数字化转化和开发，实现优秀传统文化资源的创造性转化和创新性发展，创作生产优质、多样、个性的数字文化内容产品；实施网络内容建设工程，大力发展网络文艺，丰富网络文化内涵，推动优秀文化产品网络传播；鼓励生产传播健康向上的优秀网络原创作品，提高网络音乐、网络文学、网络表演、网络剧（节）目等网络文化产品的原创能力和文化品位。2017 年 8 月 13 日，国务院颁布了《关于进一步扩大和升级信息消费持续释放内需潜力的指导意见》，提出丰富数字创意内容和服务，具体是实施数字内容创新发展工程，加快文化资源的数字化转换及开发利用；构建新型、优质的数字文化服务体系，推动传统媒体与新兴媒体深度融合、创新发展；支持原创网络作品创作，加强知识产权保护，推动优秀作品网络传播。

第二，政府出台政策对重点数字出版物的支持。2011 年 4 月 13 日，新闻出版总署颁布了《关于实施"十二五"时期（2011—2015 年）国家重点图书、音像、电子出版物出版规划的通知》，提出了主题出版、优秀科研成果和社会精品文化等品种的电子出版物的规划，具体内容是建设主题出版，充分反映马克思主义理论研究和建设工程成果，中国特色社会主义理论体系、社会主义核心价值体系理论研究成果，突出"十二五"时期纪念中国共产党建党 90 周年、辛亥革命 100 周年、建军 85 周年等重大活动的主题出版；要适应国家经济、政治、文化和社会发展的需要，出版全面反映我国哲学社会科学、自然科学研究的新成果；要推动社会主义文化的大发展大繁荣，发挥精品力作的引导作用，自上而下规划一批具有文化积累价值、弘扬时代精神、体现国家水准并能传之久远的骨干工程；把握社会文化发展的新特点和人民群众的新期待，文学艺术项目注重反映时代精神和现实生活；传播中华优秀文化的项目，着眼于中国出版"走出去"，提高国际影响力。2014 年 4 月 24 日，新闻出版广电总局联合财政部颁布了《关于推动新闻出版业数字化转型升级的指导意见》，提出了要探索数字化转型升级新模式，对教育出版、专业出版和大众出版的数字化内容生产提出了支持方向；支持教育出版转型升级模式探索，重点支持部分以教育出版为主的出版企业开展电子书包应用服务项目；支持专业出版转型升级模式探索。重点支持部分专业出版企业按服务领域划分、联合开展专业数字内容资源知识服务模式探索；支持大众出版转型升级模式探索，重点支持出版企业关注阅读者需求、引导大众阅读方向的模式创新。2014 年 12 月 18 日，新闻出版广电总局颁布了《关于推动网络文学健康发展的指导意见》，提出鼓励网络文学在选题管理、制作生产、内容表现、编校审读、作品传播、增值服务等诸多环节的技术更新，发挥科技创新在推动网络文学健康发展过程中的引领、示范和带动作用。

**二　建设数字出版内容传播渠道**

第一，积极建设数字内容投送平台。2006 年 12 月 30 日新闻出版总署颁布《关于印发〈新闻出版业"十一五"发展规划〉的通知》，提出：大力发展数字出版，主要是实施数字出版战略，发展以数字化内容、数字化生产和网络化传播为主要特征的新媒体，努力冲击世界数字媒体技术制高点，实现我国新闻出版业的跨越式发展。2010 年 10 月 9 日，新闻出版总署颁布《关于发展电子书产业的意见》，提出搭建电子书内容资源投送平台；推动传统出版单位、发行单位、数字化技术提供商，依托各自资源优势，联合搭建内容丰富、质量优良、版权清晰、使用便捷、服务周到、利益兼顾的国家级电子书内容资源投送平台。2013 年 12 月 30 日，新闻出版广电总局颁布《关于加强数字出版内容投送平台建设和管理的指导意见》，提出多产出将高新技术与文化内涵完美融

合的创新产品，为各类投送平台输送源源不断的多品种高质量数字出
版内容，引导传统新闻出版企业探索建设符合自身资源、技术、资
金、人才条件，具有明确目标受众和市场定位的数字出版内容投送平
台；开展分类试点，推动重点企业在市场竞争中逐渐形成自身特色，
完善服务功能，发挥示范引领作用。提升技术能力，支持和鼓励平台
运营企业研发和引进关键技术，消除产业链各环节技术屏障，提高平
台技术支撑和应用水平，提供基于多种网络传输渠道，适应多种终端
无缝衔接的消费服务。完善运营服务，推动平台运营服务企业创新建
设思路，主动为内容供应商提供内容加工、格式转换、版权加密、市
场推广和营销信息等综合服务；不断提高平台的开放兼容能力、聚合
发布能力及版权保护水平，提高平台的分类营销和内容推送能力；改
善和丰富用户体验，提高需求响应能力。2014 年 12 月 18 日，新闻出
版广电总局颁布《关于推动网络文学健康发展的指导意见》，提出推
动内容投送平台建设，鼓励企业充分利用互联网、移动互联网，以图
文、音频、视频等不同形式，对优秀原创网络文学作品进行全方位、
多终端化开发利用及传播，实现一次开发生产、多种载体发布；支持
网络文学企业与电子商务、金融、物流、通信等不同类型企业进行战
略合作和资源整合，构建线上和线下流通相结合的投送传播体系；发
挥集成汇编类文学网站作品数量大、品种多、目标用户定位准等特
点，打造开放式、综合性、多功能网络文学作品投送平台，提高投送
实效性和用户满意度，扩大优秀网络文学作品的覆盖范围。2016 年 3
月 16 日，《中华人民共和国国民经济和社会发展第十三个五年规划纲
要》提出，以先进技术为支撑、内容建设为根本，推动传统媒体和新
兴媒体在内容、渠道、平台、经营、管理等方面深度融合，建设"内
容 + 平台 + 终端"的新型传播体系，打造一批新型主流媒体和传播载
体。优化媒体结构，规范传播秩序。

第二，扩展数字出版内容传播渠道。2011 年 4 月 20 日，新闻出版
总署颁布《新闻出版业"十二五"时期发展规划》，提出了加大发展新

闻出版产业的"五大产业",其中包括以区域整合为重点,创新出版物传播手段和渠道,积极发展新闻出版流通和物流产业。2015年3月31日,新闻出版广电总局、财政部颁布的《关于推动传统出版和新兴出版融合发展的指导意见》提出,扩展内容传播渠道。各出版发行单位要探索适合自身融合发展的道路,创新传统发行渠道,大力发展电子商务,整合延伸产业链,构建线上线下一体化发展的内容传播体系。进一步加强实体书店建设,努力将实体书店建设成为集阅读学习、展示交流、聚会休闲、创意生活等功能于一体的复合式文化消费场所。支持实体书店与电子商务合作,在区域配送方面发挥各自优势。探索以用户为中心的全渠道服务模式。进一步开拓农村等出版产品消费市场。利用社交网络平台,建立出版网络社区等传播载体,打通传统出版读者群和新兴出版用户群,着力增强黏性,广泛吸引用户。借力商业网站的微博、微信、微店等渠道,不断扩大出版产品的用户规模,进一步扩大覆盖面。2015年10月3日,中共中央在《关于繁荣发展社会主义文艺的意见》中提出,鼓励作家、艺术家积极运用网络创作传播优秀作品,充分发挥新媒体的独特优势,把握传播规律,加强重点文艺网站建设,善于运用微博、微信、移动客户端等载体,促进优秀作品多渠道传输、多平台展示、多终端推送。加强内容管理,创新管理方式,规范传播秩序,让正能量引领网络文艺发展。

第三,积极搭建数字出版内容对外传播平台。2011年4月20日,新闻出版总署颁布的《新闻出版业"十二五"时期"走出去"发展规划》提出,大力拓展"走出去"国际营销网络,积极实施"借船出海"战略,加强与全球性和区域性大型连锁书店的合作,进一步拓展国际主流营销渠道;整合和巩固现有海外华文出版物营销渠道;积极开拓网络书店等新型出版物销售渠道;强化"走出去"会展平台。努力打造北京国际图书博览会、重要国际书展中国主宾国活动等重点国际版权和实物交易平台;支持新闻出版企业参加法兰克福书展等国际大型展会和文化活动;推行国际书展承办权招投标制;积极搭建以新疆、西藏、广西、云南、内蒙古等边疆省区为中心，辐射周边国家的新闻出版交易平台。大力实施"走出去"重点工程，重点实施"经典中国"国际出版工程、中国图书对外推广计划、数字出版产品"走出去"工程、中国出版物国际营销渠道拓展工程、重点新闻出版企业海外发展扶持工程、边疆地区新闻出版业"走出去"扶持计划、配合"汉语桥"工程，在欧美主流国家、周边国家及海外华人较集中的地区，重点推广对外汉语教材。2011 年 4 月 20 日，新闻出版总署颁布《新闻出版业"十二五"时期发展规划》，提出了加大发展新闻出版产业的"五大产业"，其中包括以区域整合为重点，创新出版物传播手段和渠道，积极发展新闻出版流通和物流产业。2012 年 12 月 1 日，国务院颁布的《关于印发服务业发展"十二五"规划的通知》提出，大力推进海峡两岸交流合作。实施"经典中国"国际出版工程，加快国际交易平台建设，拓展出版物国际营销渠道，打造国际知名出版传媒企业品牌。

### 三 实施重大数字内容出版工程

在此期间，党和政府还制定了一系列政策来实施重大数字内容出版工程，这些重大数字内容出版工程对于数字化背景下我国出版产业的结构调整起到积极的作用。

2006 年 9 月 13 日，中共中央、国务院联合颁布《国家"十一五"时期文化发展规划纲要》，涉及重大出版工程的内容，主要包括两个方面：一是国家重大出版工程，具体内容是出版《马克思恩格斯全集（第二版）》《马克思恩格斯文集》《列宁文集》《中华大典》《中华古籍全书》《中国大百科全书》《大辞海》《域外汉籍珍本文库》等重点图书、音像、电子、网络出版物；二是实施文化精品工程，主要内容有建设"五个一"工程、"创新学术"工程、重点文学作品扶持工程。2006 年 12 月 30 日，新闻出版总署颁布《关于印发〈新闻出版业"十一五"发展规划〉的通知》，提出重点实施《中华大典》编纂出版工程、《中

表 4 - 2　　　　　　　　　　主要的重大数字内容出版工程

| 重大数字出版工程名称 | 政策来源 | 政策颁布时间 |
|---|---|---|
| 01 国家重大出版工程<br>02 实施文化精品工程 | 国家"十一五"时期文化发展规划纲要 | 2006 年 9 月 13 日 |
| 01 《中华大典》编纂出版工程<br>02 《中华数字古籍全书》出版工程<br>03 "国家知识资源数据库"出版工程<br>04 "创新学术"出版工程<br>05 国产动漫振兴工程 | 关于印发《新闻出版业"十一五"发展规划》的通知 | 2006 年 12 月 30 日 |
| 01 国产动漫振兴工程<br>02 "国家知识资源数据库"出版工程 | 文化产业振兴规划 | 2009 年 9 月 26 日 |
| 01 国产动漫振兴工程<br>02 数字报业、国家重点学术期刊建设工程<br>03 国家重大出版工程<br>04 数字报业、国家重点学术期刊建设工程 | 关于进一步推动新闻出版产业发展的指导意见 | 2010 年 1 月 4 日 |
| 01 国家数字复合出版工程<br>02 国家知识资源数据库工程 | 关于加快我国数字出版产业发展的若干意见 | 2010 年 8 月 16 日 |
| 01 国家知识资源数据库工程（一期）<br>02 国家数字复合出版工程<br>03 "原动力"原创动漫及民族网游出版工程<br>04 国家学术论文数字化发布平台<br>05 新闻出版产业的振兴工程 | 新闻出版业"十二五"时期发展规划 | 2011 年 4 月 20 日 |
| 01 文化产业重点工程<br>02 国家数字文化产业创新工程 | 文化部"十二五"时期文化改革发展规划 | 2012 年 5 月 7 日 |
| 01 "网络文学精品工程" | 关于推动网络文学健康发展的指导意见 | 2014 年 12 月 18 日 |
| 01 国家古籍整理出版<br>02 国家数字复合出版 | 关于推动传统出版和新兴出版融合发展的指导意见 | 2015 年 3 月 31 日 |
| 01 网络文艺精品创作和传播工程<br>02 重大文化产业工程<br>03 国家重大出版工程 | 国家"十三五"时期文化发展改革规划纲要 | 2017 年 5 月 7 日 |
| 01 国家新闻出版影视精品创作生产工程<br>02 网络文学精品出版工程<br>03 有声读物精品出版工程 | 新闻出版广播影视"十三五"发展规划 | 2017 年 9 月 20 日 |

华数字古籍全书》出版工程、"国家知识资源数据库"出版工程、"创新学术"出版工程、国产动漫振兴工程等为代表的国家重大出版工程，增强我国出版业发掘、传承、弘扬中华民族和世界优秀文化的能力与水平。2009 年 9 月 26 日，国务院颁布《文化产业振兴规划》，提出继续推进国产动漫振兴工程、国家数字电影制作基地建设工程、多媒体数据库和经济信息平台、"中华字库"工程、国家"知识资源数据库"出版工程等重大文化建设项目；选择一批具备实施条件的重点项目给予支持。2010 年 1 月 1 日，新闻出版总署颁布《关于进一步推动新闻出版产业发展的指导意见》，提出通过实施一批具有战略性、引导性和带动性的重大新闻出版项目，来加速推进产业和产品升级，提高企业和产品的市场竞争力，具体实施的项目有全民阅读工程、文化环保工程、国产动漫振兴工程、数字报业、国家重点学术期刊建设工程等国家重大项目。2010 年 8 月 16 日，新闻出版总署颁布了《关于加快我国数字出版产业发展的若干意见》，提出扶持以动漫出版、网络游戏出版、数据库出版等为主的数字出版项目。

2011 年 4 月 20 日，新闻出版总署颁布了《新闻出版业"十二五"时期发展规划》，提出了一系列重大数字内容出版工程。国家知识资源数据库工程（一期），建设国家知识资源数据库架构和应用示范平台，系统整合各个行业领域现存的各种类型的知识资源，建立起结构科学、层次清晰、覆盖全面、高度关联的分布式知识库群；国家数字复合出版工程，制定一系列数字复合出版标准规范，研制协同采集编审平台、综合加工制作平台、全媒体资源管理平台、多渠道发布平台、互动服务与支撑平台及相关公共技术；"原动力"原创动漫及民族网游出版工程，每年重点鼓励 100 种原创漫画图书、40 种原创漫画期刊、60 种原创数字动漫、100 种原创游戏作品的创作出版，扶持 100 个优秀原创动漫、游戏人才（团队），支持 50 个国产动漫游戏技术研发重点项目；国家学术论文数字化发布平台，建立覆盖主要学科领域数字学术期刊，打造基于"云计算"技术的学术论文发布平台，建立多学术期刊单位的在线投稿、同行评议、出版与发布系统，鼓励传统学术期刊与数字学术期刊互动，推动学术期刊出版数字化转型，带动原创学术文献数字出版的产业化、规范化、规模化发展。

2014年12月18日，新闻出版广电总局颁布了《关于推动网络文学健康发展的指导意见》，提出推动设立"网络文学精品工程"，支持网络文学企业积极承担国家重点出版工程项目，在选题立项、作品生产、评选、评奖、表彰和宣传推广等方面加大扶持力度。2015年3月31日，新闻出版广电总局联合财政部颁布了《关于推动传统出版和新兴出版融合发展的指导意见》，提出实施项目带动战略，充分发挥全民阅读、国家古籍整理出版、农家书屋、民文出版、出版发行网络建设、绿色印刷、"丝路书香"、国家数字复合出版、数字版权保护技术研发等项目的带动作用。2017年5月7日，中共中央办公厅、国务院颁布了《国家"十三五"时期文化发展改革规划纲要》，提出了网络文艺精品创作和传播工程，扶持优秀网络原创作品，支持优秀作品网络传播，扶持一批重点文艺网站；实施重大文化产业工程——推动出版融合发展，主要是优化出版资源和要素，推动传统和新兴出版在内容、技术应用、平台终端方面共享融通；文化精品生产——国家重大出版工程，统筹主题出版和重大出版工程项目，做好党和国家领导人重要著作的出版，实施"三个一百"原创出版计划和学术出版奖励计划，编撰出版《中国大百科全书》（第三版）、《中国绘画大系》等，建设"中国社会科学词条库"。

2017年9月20日，新闻出版广电总局颁布了《新闻出版广播影视"十三五"发展规划》，提出了一系列重大数字内容出版工程。国家新闻出版影视精品创作生产工程：主题出版工程，紧密结合党和国家工作大局，统筹做好重大选题出版工作，凸显党中央治国理政新理念新思想新战略、中国特色社会主义和中国梦、社会主义核心价值观，围绕重大活动、重大会议、重大事件、重大节庆等主题，特别组织实施好聚焦党的十九大、中国共产党成立95周年、改革开放40周年、中华人民共和国成立 70 周年、中国人民解放军成立 90 周年等国家重大主题出版工程；中华精品出版工程，重大精品出版工程，实施《中国大百科全书》（第三版）、《中国历代绘画大系》、《辞海》（第七版）等一批重大出版工程；中国文艺原创精品出版工程，重点扶持一批弘扬社会主义核心价值观、传承中华优秀传统文化、体现时代文化成就、代表国家文化形象的优秀原创文艺作品出版传播；网络文学精品出版工程，开展优秀网络文学原创作品推介活动，重点在选题立项、创作研发、出版传播、宣传推广、版权开发等环节予以扶持，不断推出网络文学精品；有声读物精品出版工程，加强有声读物精品的创作生产，组织出版一批具有较高艺术水准和精良制作水平、受到广大人民群众喜爱的有声读物，加快有声读物资源库与服务平台建设，加强对有声读物的质量管理；中华典籍整理出版工程，实施 2011—2020 年国家古籍整理出版规划，围绕基础性古籍、佚失海外中华古籍、出土文献、古代社会档案整理，完成 300 种重点古籍整理出版；"原动力"中国原创动漫出版扶持计划，重点对漫画图书、漫画期刊、多媒体动漫、民文译制、少数民族动漫作品、网络游戏等优秀原创动漫作品进行扶持。通过扶持一批优秀项目，搭建中国原创动漫出版网络服务平台，实施"原动力"中国高校动漫出版孵化计划，引导促进国产原创动漫出版精品创作生产，推动优秀国产原创动漫出版"走出去"；国家学术出版工程，依托专业出版机构，培育若干家国家学术出版中心，建设 3—5 个国家学术出版基地，搭建国家学术出版网络平台，实施国家学术出版奖励计划，健全学术出版评价机制，提高学术出版质量。

这些重大出版工程的实施，从某种程度上均衡了出版产业内部结构的发展，即通过政府的资助，使得一些市场受众小，但是具有重大文化影响力的出版物可以面市，从而部分调整了出版产业内资源分配不均的情况。

## 四 数字出版内容管理

数字出版内容是数字出版产业的核心竞争力，各个出版企业投入了大量资源去发展各自的数字出版内容资源，导致数字出版内容资源迅速发展——在这个过程中，出现了一些内容质量低下的数字出版内容，所以从政府的角度，需要对数字出版内容出台政策进行规范管理。此阶段，数字出版内容管理政策主要有两个方面的内容：一是对数字出版内容生产的引导，弘扬社会主流价值；二是对数字出版内容质量进行管理。

第一，对数字出版内容生产的引导。2012 年 2 月 27 日，新闻出版总署颁布了《关于加快出版传媒集团改革发展的指导意见》，提出加强出版产品内容创作生产的引导，把为人民提供更好更多的精神食粮作为管理的首要任务，要坚持正确的出版导向，把遵循社会主义先进文化前进方向、人民群众满意作为评价出版产品的最高标准，形成群众评价、专家评议和市场检验相结合的科学评价机制。2015 年 3 月 31 日，新闻出版广电总局、财政部颁布的《关于推动传统出版和新兴出版融合发展的指导意见》，提出必须始终坚持党管出版，把坚持正确政治方向和出版导向贯穿到出版融合发展的各环节、全过程，自觉体现社会主义核心价值观，始终坚持把社会效益放在首位，努力实现社会效益和经济效益有机统一。2017 年 4 月 11 日，文化部颁布的《关于推动数字文化产业创新发展的指导意见》中，提出坚持以人民为中心的发展思想，坚持社会主义先进文化前进方向，弘扬社会主义核心价值观，把社会效益放在首位，实现社会效益与经济效益相统一，充分发掘优秀文化资源，提高数字文化产业品质内涵，讲好中国故事，弘扬中国精神。2017 年 9 月 20 日，新闻出版广电总局颁布的《新闻出版广播影视“十三五”发展规划》，提出坚持以人民为中心的创作导向，紧紧抓住创作生产优秀作品这一中心环节，努力推出更多弘扬中国梦主题、传播当代中国价值观念、体现中华文化精神，思想性、艺术性、观赏性有机统一的优秀作品。发扬精益求精的工匠精神，在提高原创力上下功夫，在拓展题材、内容、形式、手法上下功夫，推动观念和手段相结合、内容和形式相融合、各种艺术要素和技术要素相辉映，努力保高原、攀高峰。

第二，对数字出版内容的质量管理。2013 年 12 月 30 日，新闻出版广电总局颁布了《关于加强数字出版内容投送平台建设和管理的指导意见》，提出要强化内容质量管理，开展数字出版内容质量、编校质量、制作质量的检测与评估，提高企业生产优质精神食粮，传播民族优秀文化意识，引导企业在内容把关、编辑规范、质量保障等方面加大工作力度，改变数字出版优质内容匮乏现状，促进产业良性发展；要建立规范的数字出版内容质量监控机制、科学的内容筛选发布流程、严格的内容把关和质量保障体系以及传播有害信息的责任追究制度，强化内容版权审核和确权管理，规范编辑出版标准，建立产品准入制度和上线运营规则，确保为读者提供导向正确、格调高雅、积极健康、质量上乘的数字出版内容。

2014 年 12 月 18 日，新闻出版广电总局颁布了《关于推动网络文学健康发展的指导意见》，对网络文学的质量管理提出了详细的管理内容，具体如下：健全编辑管理机制，完善网络文学编辑人员管理机制，落实持证上岗制度，建立健全网络文学发表作品的作者实名注册、责任编辑及出版单位署名等管理制度；以明确范围、规范程序、强化监督和责任追溯为重点，加强网络文学编辑人员内容导向判断和艺术水准把关的发稿能力建设，加强网络文学编辑人员的职业道德教育和业务培训，引导企业建立有利于落实编辑责任制的考评办法和激励机制。建立完善作品管理制度，坚持有利于企业管理、有利于公众查询、有利于版权保护及利用的原则，加快推动网络文学作品登记识别、标识申领、存储分类等作品管理技术标准研发，建立兼容性强、使用便捷的原创网络文学作品编目系统、版权信息系统和社会公示及查询系统，逐步建立完善海量网络文学作品有效管理制度，为网络文学产业链深度开发和多重使用提供有效信息、科学数据及可靠支撑。不断提升作品质量。把内容质量作为网络文学的生命线，积极引导网络文学讲品位、重格调，弃粗鄙、戒恶搞；建立网络文学内容质量管理长效机制，健全作品抽查、阅评制度，完善符合网络文学作品出版特点的审读流程及管理办法；支持网络文学企业根据自身特点，建立有利于精品力作不断涌现的编、审、发出版全过程质量评估体系和控制机制。建立网络文学内容质量管理长效机制，健全作品抽查、阅评制度，完善符合网络文学作品出版特点的审读流程及管理办法；支持网络文学企业根据自身特点，建立有利于精品力作不断涌现的编、审、发出版全过程质量评估体系和控制机制。开展网络文学评论引导，充分发挥文学评论褒优贬劣、激浊扬清的作用，在艺术质量和水平上实事求是，在大是大非问题上表明立场，说真话、讲道理；遵循网络文学创作传播的规律和特点，积极开展多种形式的网络文学作品内容研讨和评论，坚持把人民群众满意认可作为衡量标准，综合作品价值取向、艺术水准、审美情趣、读者口碑，凝聚社会共识，逐步建立科学的网络文学作品评价体系，切实改变文学网站单纯追求点击率倾向。

# 第二节　数字出版形式政策

## 一　传统出版产品形式的数字化

传统出版产品形式的数字化方面，政府主要出台了两个方面的政策内容：一是促进传统纸介质产品的数字化转型；二是发展数字化印刷复制产业。

第一，促进传统纸介质产品的数字化转型。2010 年 1 月 1 日，新闻出版总署颁布《关于进一步推动新闻出版产业发展的指导意见》，涉及传统出版产品形式的数字化的内容如下：促进传统纸介质出版产业积极转型，加快从主要依赖传统纸介质出版产品向多种介质出版产品共存的现代出版产业转变。提出鼓励新闻出版企业创新纸介质读物形式，积极发展纸介质立体、有声读物，提升传统纸介质出版物的吸引力；打破出版载体界限，在多个出版平台上对出版内容进行深度开发和加工，实现一次性生产、多媒体发布；支持新闻出版企业积极采用数字、网络等高新技术和现代生产方式，改造传统的创作、生产和传播方式；加快从主要依赖传统纸介质出版产品向多种介质出版产品共存的现代出版产业转变。2010 年 8 月 16

日，新闻出版总署颁布《关于加快我国数字出版产业发展的若干意见》，提出了加快书报刊出版单位采用新技术和现代生产方式改造传统出版流程；高度重视出版资源数字化工作，加快存量资源整理，按统一标准进行分类、存储；积极探索出版资源数字版权授权解决方案；鼓励传统出版单位开展网络出版业务。2017 年 4 月 11 日，文化部颁布了《关于推动数字文化产业创新发展的指导意见》，提出提高不同内容形式之间的融合程度和转换效率，适应互联网和各种智能终端传播特点，创作生产优质、多样、个性的数字文化内容产品，探索基于互联网的个性化定制、精准化营销、协作化创新、网络化共享等新型商业模式和文化业态。

地方各级政府也出台了各种政策来鼓励传统出版产品形式的数字化。2011 年 10 月 14 日，深圳市人民政府颁布了《深圳文化创意产业振兴发展规划（2011—2015 年)》，提出推进平面媒体、图书出版业的数字化战略，推动数字技术、网络技术与传统出版业的结合，促进出版产业向多媒体、网络化发展，实现传统出版向数字出版的转型。2012 年 3 月 15 日，江苏省人民政府颁布了《关于加快江苏数字出版产业发展意见的通知》，提出推动传统新闻出版向数字化转型，大力推动图书、报刊、音像电子出版单位采用新技术和现代生产方式改造传统出版流程，完善适应数字出版产业发展的内容生产方式、传播渠道和赢利模式。

第二，发展数字化印刷复制产业。2006 年 12 月 30 日新闻出版总署颁布《关于印发〈新闻出版业"十一五"发展规划〉的通知》，提出大力发展现代印刷、复制产业，主要是利用数字技术加强印刷复制产业的结构调整，指导印刷复制业向规模化、集约化方向发展。2010 年 1 月 1 日，新闻出版总署颁布《关于进一步推动新闻出版产业发展的指导意见》，提出发展印刷、复制产业，鼓励印刷、复制企业积极采用数字和网络技术改造生产流程和现有设备，实施数字印刷和印刷数字化工程，推动发展快速、按需、高效、个性化数码印刷。2010

年 10 月 9 日，新闻出版总署颁布《关于发展电子书产业的意见》，提出优化传统出版资源数字化转换质量，支持和鼓励传统出版单位发挥资源优势，应用高新科技，积极开展出版内容资源的数字化加工制作，形成传统出版单位与电子书生产单位及著作权人之间的良性合作机制，促进传统出版资源转化为电子书内容资源。2011 年 4 月 20 日，新闻出版总署颁布《新闻出版业"十二五"时期发展规划》，提出了加大发展新闻出版产业的"五大产业"，其中包括：以业态创新和服务创新为重点，加快发展数字出版等战略性新兴出版产业；加快数字化技术推广，坚持发展印刷复制产业。2017 年 9 月 20 日，新闻出版广电总局颁布了《新闻出版广播影视"十三五"发展规划》，提出推动印刷产业向绿色化、数字化、智能化、融合化方向发展，加强绿色印刷质量监督检测，推动传统印刷数字网络化发展，加强与互联网、云计算大数据的融合，支持智能印厂建设，支持纳米印刷等各类新材料和新技术的研发和应用。

**二　发展出版产品的网络新形态**

随着网络技术的深入发展，涌现出很多新的网络产品新形态，数字出版产业也出现了很多网络新形态的产品。此阶段，政府也出台了相应的政策，具体内容有两个方面：一是鼓励传统出版产业向网络新业态进行转变；二是支持发展重点网络数字出版产品，主要涵盖动漫游戏、网络文学等产品。

第一，鼓励传统出版产业向网络新业态进行转变。2006 年 9 月 13 日，中共中央、国务院联合颁布《国家"十一五"时期文化发展规划纲要》，提出传统出版产业要积极利用电子书、手机报刊、网络出版物等新兴业态，加快向数字出版转型。2009 年 9 月 26 日国务院颁布《文化产业振兴规划》，提出积极发展纸质有声读物、电子书、手机报和网络出版物等新兴出版发行业态……加快从主要依赖传统纸介质出版物向多种介质形态出版物的数字出版产业转型。2010 年 1 月

1 日，新闻出版总署颁布《关于进一步推动新闻出版产业发展的指导意见》，涉及传统形式的出版产品数字化的内容，提出发展数字出版产业，积极推动音像制品、电子出版企业向数字化、网络化转型，积极发展数字出版、网络出版、手机出版等以数字化内容、数字化生产和数字化传输为主要特征的战略性新兴新闻出版业态。2010 年 8 月 16 日，新闻出版总署颁布了《关于加快我国数字出版产业发展的若干意见》，提出发展数字出版等非纸介质战略性新兴出版产业，积极推动音像制品、电子出版企业向数字化、网络化转型，积极发展数字出版、网络出版、手机出版等以数字化内容、数字化生产和数字化传输为主要特征的战略性新兴新闻出版业态；支持新闻出版企业以互联网为平台，以图文、音频、视频等形式，对出版内容资源进行全方位、立体式、深层次开发利用；支持电子纸、阅读器等新闻出版新载体的技术开发、应用和产业化，提高数字阅读设备的质量、方便性以及版权保护水平。加快推动音像电子出版单位数字化升级，积极运用新媒体、新技术加速产业升级。2012 年 2 月 27 日，新闻出版总署颁布《关于加快出版传媒集团改革发展的指导意见》，提出支持出版传媒集团实施数字化战略，加快发展有声阅读、电子书、电子书包、数字报、精品学术期刊数据库等；支持出版传媒集团发展以网络出版、手机出版、云出版等为代表的出版新业态；支持出版传媒集团积极探索数字出版产业发展的新途径。2012 年 6 月 27 日，科学技术部、中共中央宣传部、财政部、文化部、广播电影电视总局、新闻出版总署联合颁布了《关于印发〈国家文化科技创新工程纲要〉的通知》，提出加快全媒体资源管理与集成技术、语义分析搜索及自动分类标引技术、多介质多形态内容发布技术、彩色电子纸等新兴数字显示技术的研究，促进传统新闻出版产业的数字化转型升级，形成覆盖网络、手机以及适用于各种终端的数字出版内容生产供给体系；重点支持电子图书、数字报刊、网络原创文学、网络教育出版、数据库出版、手机出版等数字出版新兴业态，提升创新能力；研究网络原创文学、微博、网络剧、微电影等新兴网络文化形态、网络信息集成传播技术及前沿引导技术，研究新兴网络文化创新服务模式，繁荣民间文学、影视、音乐创作与传播。2014 年 2 月 26 日，国务院颁布了《关于推进文化创意和设计服务与相关产业融合发展的若干意见》，提出推动文化产品和服务的生产、传播、消费的数字化、网络化进程，强化文化对信息产业的内容支撑、创意和设计提升，加快培育双向深度融合的新型业态。2015 年 8 月 25 日，国务院办公厅颁布了《关于印发三网融合推广方案的通知》，提出大力发展数字出版、互动新媒体、移动多媒体等新兴文化产业，促进动漫游戏、数字音乐、网络艺术品等数字文化内容的消费。2016 年 3 月 16 日，第十二届全国人民代表大会颁布了《中华人民共和国国民经济和社会发展第十三个五年规划纲要》，提出要加快发展现代文化产业，加快发展网络视听、移动多媒体、数字出版、动漫游戏等新兴产业，推动出版发行、影视制作、工艺美术等传统产业转型升级。2017 年 4 月 11 日，文化部颁布了《关于推动数字文化产业创新发展的指导意见》，提出着力发展数字文化产业重点领域，推动动漫产业提质升级，推动游戏产业健康发展，丰富网络文化产业内容和形式。

地方政府也鼓励当地出版企业积极发展出版产品的网络新形态。比如 2011 年 10 月 14 日，深圳市人民政府颁布了《深圳文化创意产业振兴发展规划（2011—2015 年）》，提出重点发展教育类电子出版物、数字图书、互联网音像出版物、纸质有声读物、手机出版物等以数字化内容、数字化生产和数字化传输为主要特征的出版新业态；重点发展以"三网融合"为基础和运作平台的数字化传媒产业和文化内容服务，完善跨媒体、跨行业、跨地区的传媒产业链；促进传统媒体和新兴媒体的融合发展，加强本市传媒集团与电信运营商的合作，加快发展手机报、手机网站、手机广播电视、网络广播电视、移动多媒体广播电视、数字高清电视、IPTV、电子报、电子杂志，开发移动文化信息服务、数字娱乐产品等增值业务，建设一批新媒体优质品牌。

　　第二，支持发展重点网络数字出版产品，主要是动漫游戏、网络文学等产品。动漫游戏方面，2006 年 4 月 25 日，国务院颁布《关于推动我国动漫产业发展的若干意见》，该意见对于新技术支持动漫产业发展方面，提出了我国科技、信息产业等政府部门要加强对动漫产业核心技术的研发力度，支持其产业化发展，同时鼓励各类科研机构对我国的动漫产业提供智力支持。2011 年 4 月 20 日，新闻出版总署颁布《新闻出版业"十二五"时期发展规划》，提出了加大发展新闻出版产业的"五大产业"，其中包括加速发展动漫、游戏出版产业。2010 年 1 月 1 日，新闻出版总署颁布了《关于进一步推动新闻出版产业发展的指导意见》，提出发展动漫、游戏出版产业，加快发展民族动漫出版产业，特别是鼓励网络和电子游戏等产品的出版，提高民族动漫、游戏的数量和质量；大力扶持民族原创动漫、游戏精品，培养民族原创动漫、游戏领军人物；鼓励开展优秀原创动漫、游戏产品的少数民族语言译制出版工作；推动对动漫、游戏出版资源的深度开发利用，不断提升其出版产品附加值。2010 年 8 月 16 日，新闻出版总署颁布《关于加快我国数字出版产业发展的若干意见》，提出大力增强网游与动漫出版产品的创作和研发能力等，具体内容是鼓励企业通过自主创新，充分挖掘中华优秀文化，研发网游动漫精品，提高国产网游动漫产品的质量和市场占有率，提升产品附加值；打造网游动漫知名品牌，提高市场运作能力；组织实施民族网游动漫海外推广计划，大力支持国产原创网游动漫产品开发海外市场。2012 年 12 月 1 日，国务院颁布了《关于印发服务业发展"十二五"规划的通知》，提出扶持动漫游戏出版产品、民族原创网络出版产品的创作和研发，加快建设新闻出版产业带和基地，提高新闻出版企业装备水平和新闻出版产品的科技含量，大力实施新闻出版科技创新工程。

　　网络文学方面，2012 年 3 月 15 日，江苏省人民政府办公厅转发省新闻出版局《关于加快江苏数字出版产业发展意见的通知》中指出，抓住内容建设中心环节，从社会需求出发，将优质内容与数字技术紧密

结合，着力打造以数字化内容、数字化生产和网络化传播为主要特征的
数字出版产品，包括电子图书、数字报纸、数字期刊、网络原创文学、
网络教育出版物、网络地图、数字音乐、网络动漫、网络游戏、数据库
出版物、手机出版物（彩信、彩铃、手机报纸、手机期刊、手机小说、
手机游戏）等，实现内容资源"多屏化"应用，提高内容资源的利用
率和投资收益率，并确保数字出版内容可管可控。开展跨媒体合作，推
动多媒体互动出版。2014 年 12 月 18 日，新闻出版广电总局颁布了
《关于推动网络文学健康发展的指导意见》，提出鼓励企业充分利用互
联网、移动互联网，以图文、音频、视频等不同形式，对优秀原创网络
文学作品进行全方位、多终端化开发利用及传播，实现一次开发生产、
多种载体发布；支持网络文学企业与电子商务、金融、物流、通信等不
同类型企业进行战略合作和资源整合，构建线上和线下流通相结合的投
送传播体系；发挥集成汇编类文学网站作品数量大、品种多、目标用户
定位准等特点，打造开放式、综合性、多功能网络文学作品投送平台，
提高投送实效性和用户满意度，扩大优秀网络文学作品的覆盖范围。
2015 年 10 月 3 日中共中央颁布的《关于繁荣发展社会主义文艺的意
见》，提出实施网络文艺精品创作和传播计划，鼓励推出优秀网络原创
作品，推动网络文学、网络音乐、网络剧、微电影、网络演出、网络动
漫等新兴文艺类型繁荣有序发展，促进传统文艺与网络文艺创新性融
合，鼓励作家、艺术家积极运用网络创作传播优秀作品；充分发挥新媒
体的独特优势，把握传播规律，加强重点文艺网站建设，善于运用微
博、微信、移动客户端等载体，促进优秀作品多渠道传输、多平台展
示、多终端推送。2017 年 4 月 11 日，文化部颁布的《关于推动数字文
化产业创新发展的指导意见》，提出大力发展网络文艺，丰富网络文化
内涵，推动优秀文化产品网络传播，提高网络音乐、网络文学、网络表
演、网络剧（节）目等网络文化产品的原创能力和文化品位，利用社
交平台与用户开展线上线下交流，提升消费体验。

# 第五章　数字化转型背景下的出版产业组织政策

出版产业组织政策是政府为达到维护有效的市场竞争的目的，而制定和采用的调整出版市场结构、规范出版市场行为的政策总和。从政策内容的角度来看，出版产业组织政策可以分为三类：一是经济规制，主要是利用行政方式对出版企业的经济行为进行限制；二是社会规制，主要针对产业在运行过程中对社会安全、环境、公民健康方面产生影响的管理；三是反垄断规制，主要是通过相关法律来限制出版市场的垄断，提高市场运行效率。

2003—2017 年数字化转型背景下出版产业组织政策主要包括两个方面的内容：一是从宏观上对产业进行管理，提出公共规制政策，促进产业数字化转型升级，具体内容包括完善出版产业的管理机制、构建现代出版市场体系和完善出版产业法规体系；二是从微观上对企业进行管理，提出企业政策，促进企业数字化转型升级，具体内容包括完善出版企业管理机制、组建大型出版传媒集团和非国有出版企业改革措施。此阶段主要的出版产业组织政策见表 5－1。

表 5－1　　数字化转型背景下主要的出版产业组织政策列表

| 政策名称 | 政策颁布时间 | 政策制定单位 |
|---|---|---|
| 《外商投资图书、报纸、期刊分销企业管理办法》 | 2003 年 3 月 17 日 | 新闻出版总署和对外贸易经济合作部 |

续表

| 政策名称 | 政策颁布时间 | 政策制定单位 |
|---|---|---|
| 《关于进一步加强图书出版质量管理的通知》 | 2003 年 3 月 20 日 | 新闻出版总署 |
| 《关于开展 2003 年秋季盗版教材、教辅读物专项治理行动的通知》 | 2003 年 7 月 17 日 | 新闻出版总署、教育部等 4 部门 |
| 《关于规范新闻出版业融资活动的实施意见》 | 2003 年 7 月 25 日 | 新闻出版总署 |
| 《关于支持和促进文化产业发展的若干意见》 | 2003 年 9 月 4 日 | 文化部 |
| 《关于加强中小学实验教材价格管理的通知》 | 2003 年 10 月 31 日 | 新闻出版总署、教育部等 3 部门 |
| 《新闻出版总署贯彻〈中华人民共和国行政许可法〉实施方案》 | 2003 年 12 月 5 日 | 新闻出版总署 |
| 《中外合作音像制品分销企业管理办法》 | 2004 年 2 月 9 日 | 文化部和商务部 |
| 《关于对图书、期刊、音像制品、电子出版物进行质量检查的紧急通知》 | 2004 年 3 月 25 日 | 新闻出版总署 |
| 《新闻出版总署取消 28 项行政审批项目的后续监管措施》《新闻出版总署下放 5 项行政审批项目的管理措施》 | 2004 年 6 月 15 日 | 新闻出版总署 |
| 《关于对城乡集贸市场非法出版物进行专项治理的通知》 | 2004 年 6 月 25 日 | 工商总局、新闻出版总署等 3 部门 |
| 《关于落实国务院归口审批电子和互联网游戏出版物决定的通知》 | 2004 年 7 月 27 日 | 新闻出版总署、国家版权局 |
| 《关于印发国家新闻出版总署（国家版权局）保护知识产权专项行动实施方案的通知》 | 2004 年 9 月 30 日 | 新闻出版总署 |
| 《新闻出版统计管理办法》 | 2005 年 2 月 7 日 | 新闻出版总署、国家统计局 |
| 《关于文化领域引进外资的若干意见》 | 2005 年 7 月 6 日 | 文化部、新闻出版总署等 5 部委 |
| 《关于非公有资本进入文化产业若干决定》 | 2005 年 8 月 8 日 | 国务院 |
| 《关于印发〈严厉打击侵权盗版违法犯罪活动区域性整治行动工作方案〉的通知》 | 2005 年 10 月 18 日 | 中宣部、新闻出版总署等 6 部门 |
| 《关于深化文化体制改革的若干意见》 | 2005 年 12 月 23 日 | 中共中央、国务院 |
| 《关于规范图书出版单位辞书出版业务范围的若干规定》 | 2006 年 3 月 10 日 | 新闻出版总署 |
| 《文化市场行政执法管理办法》 | 2006 年 3 月 24 日 | 文化部 |

续表

| 政策名称 | 政策颁布时间 | 政策制定单位 |
|---|---|---|
| 《关于中小学教材发行费用标准的通知》 | 2006 年 5 月 15 日 | 新闻出版总署 |
| 《关于查缴系列非法音像制品的通知》 | 2006 年 6 月 2 日 | 全国扫黄打非工作小组办公室 |
| 《关于开展集中打击盗版音像和计算机软件制品行动的通知》 | 2006 年 7 月 12 日 | 中宣部、新闻出版总署等 11 部门联合颁布 |
| 《关于深化出版发行体制改革工作实施方案》 | 2006 年 7 月 17 日 | 新闻出版总署 |
| 《国家"十一五"时期文化发展规划纲要》 | 2006 年 9 月 13 日 | 中共中央、国务院 |
| 《关于建立行政审批受理中心的公告》 | 2006 年 12 月 22 日 | 新闻出版总署 |
| 《关于加强对承接境外印刷复制业务监管的紧急通知》 | 2006 年 12 月 30 日 | 新闻出版总署、商务部、海关总署 |
| 《关于印发〈新闻出版业"十一五"发展规划〉的通知》 | 2006 年 12 月 30 日 | 新闻出版总署 |
| 《关于印发〈高等学校出版体制改革工作实施方案〉的通知》 | 2007 年 1 月 25 日 | 教育部和新闻出版总署 |
| 《关于加强音像制品、电子出版物和网络出版物审读工作的通知》 | 2007 年 2 月 16 日 | 新闻出版总署 |
| 《关于规范利用互联网从事印刷经营活动的通知》 | 2007 年 8 月 1 日 | 新闻出版总署、公安部等 4 部门 |
| 《关于印发国家知识产权战略纲要的通知》 | 2008 年 6 月 5 日 | 国务院 |
| 《关于中央出版单位转制和改制中国有资产管理的通知》 | 2008 年 9 月 26 日 | 财政部、中宣部和新闻出版总署 |
| 《关于进一步推进高校出版社改革与发展的意见》 | 2008 年 12 月 29 日 | 教育部和新闻出版总署 |
| 《关于高校出版社转制工作有关规程的通知》 | 2009 年 2 月 3 日 | 教育部办公厅 |
| 《新闻出版总署立法程序规定》 | 2009 年 4 月 27 日 | 新闻出版总署 |
| 《关于中央级经营性文化事业单位转制中资产和财务管理问题的通知》 | 2009 年 7 月 7 日 | 财政部 |
| 《关于加快文化产业发展的指导意见》 | 2009 年 9 月 10 日 | 文化部 |
| 《文化产业振兴规划》 | 2009 年 9 月 26 日 | 国务院 |
| 《关于下发音像(电子)出版业体制改革实施方案的通知》 | 2009 年 10 月 28 日 | 新闻出版总署 |
| 《关于进一步推动新闻出版产业发展的指导意见》 | 2010 年 1 月 1 日 | 新闻出版总署 |

续表

| 政策名称 | 政策颁布时间 | 政策制定单位 |
|---|---|---|
| 《关于鼓励和引导民间投资健康发展的若干意见》 | 2010 年 5 月 7 日 | 国务院 |
| 《关于加快我国数字出版产业发展的若干意见》 | 2010 年 8 月 16 日 | 新闻出版总署 |
| 《中华人民共和国国民经济和社会发展第十二个五年规划纲要》 | 2011 年 3 月 14 日 | 第十一届全国人民代表大会 |
| 《关于促进本市数字出版产业发展若干意见》 | 2011 年 3 月 25 日 | 上海市人民政府办公厅 |
| 《新闻出版业"十二五"时期发展规划》 | 2011 年 4 月 20 日 | 新闻出版总署 |
| 《关于深化非时政类报刊出版单位体制改革的意见》 | 2011 年 5 月 17 日 | 中共中央办公厅、国务院办公厅 |
| 《关于深化文化体制改革　推动社会主义文化大发展大繁荣若干重大问题的决定》 | 2011 年 10 月 18 日 | 中共中央 |
| 《关于加快出版传媒集团改革发展的指导意见》 | 2012 年 2 月 27 日 | 新闻出版总署 |
| 《关于加快江苏数字出版产业发展意见的通知》 | 2012 年 3 月 15 日 | 江苏省人民政府 |
| 《文化部"十二五"时期文化改革发展规划》 | 2012 年 5 月 7 日 | 文化部 |
| 《关于鼓励和引导民间资本进入文化领域的实施意见》 | 2012 年 6 月 28 日 | 文化部 |
| 《关于加强数字出版内容投送平台建设和管理的指导意见》 | 2013 年 12 月 30 日 | 新闻出版广电总局 |
| 《关于推动网络文学健康发展的指导意见》 | 2014 年 12 月 18 日 | 新闻出版广电总局 |
| 《关于推动传统出版和新兴出版融合发展的指导意见》 | 2015 年 3 月 31 日 | 新闻出版广电总局、财政部 |
| 《关于印发三网融合推广方案的通知》 | 2015 年 8 月 25 日 | 国务院办公厅 |
| 《"十三五"国家战略性新兴产业发展规划》 | 2016 年 11 月 29 日 | 国务院 |
| 《关于推动数字文化产业创新发展的指导意见》 | 2017 年 4 月 11 日 | 文化部 |
| 《新闻出版广播影视"十三五"发展规划》 | 2017 年 9 月 20 日 | 新闻出版广电总局 |

# 第一节　公共规制政策

## 一　完善出版行政管理机制

数字化背景下出版行政管理机制的完善主要是从两个方面进行的：

一是从宏观角度提出数字化背景下出版行政管理改革的方向；二是从微观角度提出数字化背景下出版行政管理的具体措施。

宏观方面，2003 年 9 月 4 日，文化部颁布《关于支持和促进文化产业发展的若干意见》，提出要进一步转变政府职能，提高宏观调控能力，具体有如下六个方面的内容：一是要积极转变政府职能，强化行政职能；二是积极实行政企分开，要建立符合现代行政制度和现代市场经济要求的新型政企关系；三是转变政府的工作作风，提高行政服务水平；四是进一步完善行政审批制度，压缩行政审批项目；五是建立科学的文化产业统计指标体系；六是要建立健全文化产业行业协会，加强行业的自律管理。2005 年 12 月 23 日，中共中央、国务院联合颁布《关于深化文化体制改革的若干意见》，提出要加强和改进文化领域宏观管理，具体的措施包括：一是加快转变政府职能，明确文化行政管理部门职责，理顺文化行政管理部门与所属文化企事业单位的关系；二是健全文化法律法规和政策体系，加强文化立法，通过法定程序将党的文化政策逐步上升为法律法规。2006 年 9 月 13 日，中共中央、国务院联合颁布《国家"十一五"时期文化发展规划纲要》，也提出了要转变政府职能，加强出版产业的管理，具体的内容有改进书号管理、完善审读机制、加强出版各个环节的监管等。2006 年 12 月 30 日，新闻出版总署颁布《关于印发〈新闻出版业"十一五"发展规划〉的通知》，提出"按照中央提出的建立党委领导、政府管理、行业自律、企事业单位依法运营的新闻出版管理体制的目标，进一步明确各级新闻出版行政部门的主要职能，完善新闻出版分级管理体制。继续深化行政审批制度改革，清理和规范行政许可项目，改进行政管理方式"。2010 年 1 月 1 日，新闻出版总署颁布了《关于进一步推动新闻出版产业发展的指导意见》，提出健全和完善各级新闻出版产业发展领导体制和工作机制，各级新闻出版行政部门要增强推动新闻出版产业发展的责任意识，明确新闻出版产业发展领导机构和工作班子，负责指导、协调、实施新闻出版产业发展工作，确保各项目标、措施和政策落到实处。积极争取地方党委、政府对当地新闻出版产业的重视和支持，继续开展"省部战略合作"，共同推动新闻出版产业发展。2011 年 10 月 18 日，中共中央颁布《关于深化文化体制改革　推动社会主义文化大发展大繁荣若干重大问题的决定》，提出要创新文化产业的管理体制，完善文化产业的政策保障机制。2012年 5 月 7 日，文化部印发《"十二五"时期文化改革发展规划》，提出加快推进文化宏观管理体制改革，加快转变政府职能，提高推动文化科学发展的能力；进一步理顺文化行政管理部门与文化企事业单位、中介组织的关系，推进政企分开、政事分开、管办分离，强化政策调节、市场监管、社会管理和公共服务等职能，建立职责明确、反应灵敏、运转有序、统一高效的宏观调控体系。2016 年 11 月 29 日，国务院颁布《"十三五"国家战略性新兴产业发展规划》，提出推进简政放权、放管结合、优化服务改革的行政管理模式，进一步完善审批方式，最大限度减少事前准入限制，修改和废止有碍发展的行政法规和规范性文件，激发市场主体活力；坚持放管结合，区分不同情况，积极探索和创新适合新技术、新产品、新业态、新模式发展的监管方式，既激发创新创造活力，又防范可能引发的风险；对发展前景和潜在风险看得准的"互联网＋"、分享经济等新业态，量身定制监管模式；对看不准的领域，加强监测分析，鼓励包容发展，避免管得过严过死；对潜在风险大、有可能造成严重不良社会后果的，切实加强监管；对以创新之名行非法经营之实的，坚决予以取缔。2017 年 9 月 20 日，新闻出版广电总局颁布了《新闻出版广播影视"十三五"发展规划》，提出进一步深化行政审批制度改革，推进"互联网＋政务服务"，着力转变政府职能，提高政府效能，简政放权、放管结合、优化服务，在坚持新闻出版主管主办制度前提下，稳步推动党政部门与其所办新闻出版企业脱钩。

二是从微观角度提出数字化背景下具体的出版行政管理措施，主要内容包括完善出版行政管理法规、优化出版行政管理行为和利用技术提升管理能力。

完善出版行政管理法规方面，2005 年 2 月 7 日新闻出版总署和国家统计局联合颁布《新闻出版统计管理办法》，该办法出台的主要目的是规范新闻出版统计工作，加强新闻出版统计管理，以此来保障新闻出版统计资料的准确性、及时性和完整性。2006 年 3 月 24 日，文化部颁布《文化市场行政执法管理办法》，该办法出台的主要目的是加强文化市场管理，规范文化市场行政执法行为。2009 年 4 月 27 日，新闻出版总署颁布《新闻出版总署立法程序规定》，该规定出台的主要目的是规范新闻出版总署的立法程序，保障立法工作质量，提高立法工作效率。

优化出版行政管理行为方面，主要包括规范新闻出版行政管理的行政审批、机构完善、管理权限完善和建立行业自律。2015 年 3 月 31 日，新闻出版广电总局联合财政部颁布了《关于推动传统出版和新兴出版融合发展的指导意见》，提出优化出版行政管理，坚持和完善新闻出版主管主办制度，坚持出版特许经营，严格许可证管理。对网上网下、不同出版业态进行科学管理、有效管理，建立统一的导向要求和内容标准，建立出版单位社会效益评价机制。

行政审批方面，2003 年 12 月 5 日新闻出版总署颁布《新闻出版总署贯彻〈中华人民共和国行政许可法〉实施方案》，该方案认为在出版产业中实施行政许可法，可以保障公民、法人等的合法权益，同时对于深化出版行政审批制度改革、推进出版行政管理体制改革、保障和监督出版行政机关有效实施行政管理，有着积极的作用。2004 年 6 月 15 日新闻出版总署颁布《新闻出版总署取消 28 项行政审批项目的后续监管措施》和《新闻出版总署下放 5 项行政审批项目的管理措施》，这两项措施根据《中华人民共和国行政许可法》，对新闻出版总署的行政审批项目进行了清理。管理权限完善方面，2004 年 7 月 27 日新闻出版总署、国家版权局联合颁布《关于落实国务院归口审批电子和互联网游戏出版物决定的通知》，明确提出新闻出版总署是国务院唯一归口管理电子游戏出版物和互联网游戏出版物的行政部门，所以依据这一认定，新闻出版总署出台了该通知依法对出版引进版电子游戏出版物和互联网游戏出版物进行审批。出版行政管理机构方面，2006 年 12 月 22 日新闻出版总署颁布《关于建立行政审批受理中心的公告》，该公告提出，为了深化行政审批制度改革，加大政务公开，有必要设立行政审批受理中心，该机构的具体职责是"统一对外负责接收材料、进行初步审查、发出受理通知、办理进度查询及批准文件送达等工作"。行业自律方面，2011 年 3 月 25 日，上海市人民政府办公厅颁布了《上海市人民政府办公厅印发关于促进本市数字出版产业发展若干意见的通知》，提出支持数字出版企业发起成立行业组织，加强行业自律，维护企业合法权益，探索建立数字出版企业间、行业间交流协作机制；鼓励有关主管部门将由行业组织承担的各种管理、服务职能转移或者委托给行业组织行使。

利用技术提升管理能力方面，主要是在数字化转型背景下，政府原有的管理能力很难适应产业发展的需要，所以政府推出一系列技术手段来提升管理能力，促进产业发展。2011 年 4 月 20 日，新闻出版总署颁布了《新闻出版业"十二五"时期发展规划》，提出新闻报刊出版监测系统建设项目，整合报刊内容资源，建立覆盖全国报刊出版单位的内容传输网络，形成实时更新的全国报刊内容数据库系统，全面建成全国报刊电子样本库，通过信息技术手段实现对报刊出版内容的分级监测，依法实现对全国报刊出版情况的统计、分析、评价和引导，为我国新闻报刊出版行政管理提供科学有效的基础平台。2012 年 5 月 7 日，文化部颁布了《文化部"十二五"时期文化改革发展规划》，提出建立文化市场技术监管平台建设工程，具体内容是编制文化市场技术监管标准体系，统一文化市场基础数据，建成中央、省级监管数据中心和专用传输网络，逐步建成覆盖全国、上下联动、统一高效的文化市场技术监管平台。2015 年 8 月 25 日，国务院办公厅颁布了《关于印发三网融合推广方案的通知》，提出加强技术管理系统建设，按照同步规划、同步建设、同步运行的要求，统筹规划建设网络信息安全、文化安全技术管理系统，加快提升现有国家网络信息安全技术管理平台、广电信息网络视听节目监管系统、三网融合新闻信息监测管理系统的技术能力；加强技术管理系统建设，完善国家网络信息安全基础设施，提高隐患发现、监测预警和突发事件处置能力，按照同步规划、同步建设、同步运行的要求，统筹规划建设网络信息安全、文化安全技术管理系统，加快提升现有国家网络信息安全技术管理平台、广电信息网络视听节目监管系统、三网融合新闻信息监测管理系统的技术能力。2017 年 9 月 20 日，新闻出版广电总局颁布了《新闻出版广播影视"十三五"发展规划》，提出全面提升新闻出版广播影视监测监管能力，紧密结合广播电视公共服务和融合媒体业务发展，充分运用大数据、云计算等先进技术，同步进行监测监管系统升级改造和建设，推进监测监管系统的网络化、智能化、协同化，以中央和省为重点，统筹兼顾内容与技术、传统媒体与新兴媒体、国内与国外，建设技术监测、视听新媒体监管、内容监管、安全播出、信息安全五位一体的全国广播电视监测监管系统，创新监管机制，再造监管流程，构建包含制度规范、机制运行、技术标准、研判分析、应急处置等方面的全国统一监测监管结构化体系，对内容、业务、网络、终端等进行全流程监测监管。

## 二 构建现代出版市场体系

数字化转型背景下，政府为构建现代出版市场体系，政策分为两个方面的内容：一是宏观上提出建设现代出版市场体系的整体战略，促进市场手段在出版资源配置中的作用，目的是在数字化转型背景下形成统一开放的新闻出版市场体系；二是微观上提出建设现代出版市场体系的具体内容，具体包括规范出版企业的市场行为和整顿出版市场秩序。

宏观方面，2010 年 1 月 1 日，新闻出版总署颁布了《关于进一步推动新闻出版产业发展的指导意见》，提出建设现代市场体系，发挥市场在资源配置中的基础性作用，打破条块分割、地区封锁和城乡分离的市场格局，加快形成统一开放的新闻出版市场体系；充分利用全国性和区域性产权交易机构，为新闻出版资本、产权、人才、信息、技术等要素的有序、有效流动搭建交易平台；培育发展版权代理、出版经纪等市场中介机构，提高新闻出版产品和服务的市场化程度；积极打造新闻出版产业发展交流平台，支持办好全国图书交易博览会等展会；在国家政策允许的条件下，充分利用发行企业债券、引进境内外战略投资、上市融资等多种渠道为企业融资；开展与国有银行及相关金融机构的战略合作，加快建立和发展中小新闻出版企业信用担保机制，允许投资人以知识产权等无形资产评估作价出资组建新闻出版企业，为产业发展争取良好的融资环境。2011 年 4 月 20 日，新闻出版总署颁布了《新闻出版业"十二五"时期发展规划》，提出加强市场体系建设，创造良好的市场秩序，要加快出版物市场和资本市场、技术市场、信息市场等要素市场建设，形成统一开放、竞争有序、健康繁荣的现代新闻出版市场体系。2015 年 8 月 25 日，国务院办公厅颁布了《关于印发三网融合推广方案的通知》，提出要营造健康有序的市场环境，建立基础电信运营企业与广电企业、互联网企业、信息内容供应商等的合作竞争机制。2016 年 11 月 29 日，国务院颁布了《"十三五"国家战略性新兴产业发展规划》，提出要营造公平竞争市场环境，完善反垄断法配套规则，进一步加大反垄断和反不正当竞争执法力度；建立健全工作机制，保障公平竞争审查制度有序实施；完善信用体系，充分发挥全国信用信息共享平台和国家企业信用信息公示系统等作用。

微观方面，此阶段为适应出版产业数字化转型，政府颁布的政策主要包括两个方面的内容：一是规范出版企业的市场行为，即对出版企业在出版编印发环节中的行为进行规范，使其能在出版市场上进行规范、有序的竞争；二是整顿出版市场秩序，就是对出版市场上出现的违法行为进行打击，特别是对新技术手段的违法行为治理，具体包括"扫黄打非"和打击侵权盗版。

规范出版企业的市场行为主要是新闻出版行政管理部门出台政策对出版企业的市场行为进行规范，主要内容是针对出版过程中的编辑、印刷、发行环节进行管理。

编辑环节方面，具体包括出版行政管理部门在出版物质量、出版资格、审读等方面对出版企业的管理。比如 2003 年 3 月 20 日，新闻出版总署颁布《关于进一步加强图书出版质量管理的通知》，该通知希望出版产业能进一步建立健全图书质量的管理机制，要求出版社在出版图书时，要做好图书质量检查，发现质量不合格的图书必须停发，已发出的质量不合格图书必须采取必要措施以减少负面影响；同时该通知还针对出版大量质量不合格的出版社建立了惩罚机制，即每年新版图书品种有10% 以上图书质量不合格的出版社，必须停业整顿，以此加大图书质量监管力度。2004 年 3 月 25 日，新闻出版总署颁布《关于对图书、期刊、音像制品、电子出版物进行质量检查的紧急通知》，对于当时出版物存在的一些问题进行了分析，比如有些出版单位出版网上炒作且在导向、格调等方面存在严重问题的作品，为坚持正确出版导向，新闻出版总署决定对出版社正在安排的选题以及在制和在销图书、期刊、音像制品、电子出版物进行一次全面的质量检查。2006 年 3 月 10 日，新闻出版总署颁布《关于规范图书出版单位辞书出版业务范围的若干规定》，对于图书出版单位开办辞书业务进行了规范，具体的条件是该出版单位必须具备足够的编辑力量、编辑必须取得相应的资格证和五年内没有被新闻出版行政管理部门处罚的记录。2007 年 2 月 16 日，新闻出版总署颁布《关于加强音像制品、电子出版物和网络出版物审读工作的通知》，该通知认为由于音像制品、电子出版物和网络出版物发展迅速，出现了不少问题，有必要建立审读机制，具体措施包括：一是建立该类出版物的审读办法和审读工作程序；二是建立专家审读队伍；三是加强互联网出版物的监管；四是加强信息反馈。

印刷环节方面，主要是对印刷复制审查和印刷资质的管理。比如2006 年 12 月 30 日，新闻出版总署、商务部、海关总署联合颁布《关于加强对承接境外印刷复制业务监管的紧急通知》，提出要进一步加强承接境外印刷复制业务的审批、内容审查和备案管理。2007 年 8 月 1日，新闻出版总署、公安部等 4 部门联合颁布《关于规范利用互联网从事印刷经营活动的通知》，对"印客"的市场行为进行了规范，"'印客'类网站直接提供经营性排版、制版、印刷和装订服务的，属于印刷经营活动，依照《印刷业管理条例》的规定，纳入印刷业监督管理范畴，应事先取得《印刷经营许可证》。'印客'类网站提供印刷经营活动中介服务的，须向接受其委托承印的印刷企业提供合法的委托手续，承印的印刷企业要严格审核"。

发行环节方面，主要是对出版企业在发行中的招标、定价、发行费用等方面进行规范。比如2003年10月31日，新闻出版总署、教育部等3部门联合颁布《关于加强中小学实验教材价格管理的通知》，提出实验教材的发行环节收费应该严格按照国家规定的标准执行，对于经济不发达地区应该继续实行优惠政策。2006年5月15日，新闻出版总署颁布《关于中小学教材发行费用标准的通知》，规定了中小学教材的发行费用的标准，即黑白版（含双色版）教材定价的30%、彩色版教材定价的28%。

"扫黄打非"方面，2004年6月25日，工商总局、新闻出版总署等3部门联合颁布《关于对城乡集贸市场非法出版物进行专项治理的通知》，认为当时在一些城乡集贸市场中有销售各类盗版和非法出版物的问题，这种问题严重污染出版市场环境，侵犯了知识产权，造成恶劣的社会影响，所以有必要对其进行治理，具体的措施有四点：一是抓住重点，从严清查市场；二是追根溯源，加大对经营非法出版物案件的查处力度；三是齐抓共管，加强部门之间的联系和配合；四是强化舆论监督，加大媒体的宣传和曝光力度。2006年6月2日，全国扫黄打非工作小组办公室颁布《关于查缴系列非法音像制品的通知》，该通知认为当时出版市场上出现了大量具有政治性内容的非法音像制品，具体的表现是假冒正规音像出版社名义、版号进行音像制品的非法出版、发行，还有正规音像出版社出版、发行的音像制品内容涉及我国重要历史人物、重大历史事件，违反我国的出版管理规定，扰乱了出版物市场的正常秩序，应该对这些非法出版行为进行坚决制止。2010年1月1日，新闻出版总署颁布《关于进一步推动新闻出版产业发展的指导意见》，提出要深入持久开展"扫黄打非"斗争，加大执法力度，着力改善和优化新闻出版市场秩序。2010 年 8 月 16 日，新闻出版总署颁布了《关于加快我国数字出版产业发展的若干意见》，提出强化网络监管，要建立属地内出版、外宣、公安、通信、"扫黄打非"等部门的协调、沟通和信息共享机制；增强网络出版突发事件的应对能力，提高监管工作的预见性、针对性和时效性，全面提升主动监管能力和技术保障水平；要加大对互联网低俗之风和手机网站传播淫秽色情信息的打击力度，同时切实加强对网络游戏出版审批把关和网络游戏动态出版、非法出版的监管，全面净化互联网和手机出版环境；各地要加快网络出版监管系统建设，积极探索网络出版监管的有效方式，强化长效动态监管机制。2011 年 4 月 20 日，新闻出版总署颁布了《新闻出版业"十二五"时期发展规划》，提出了建设全国"扫黄打非"能力提升项目，建立通达全国各省（区、市）"扫黄打非"办公室以及全国"扫黄打非"工作小组各成员单位的保密信息专网和"扫黄打非"内部工作管理平台等系统；建立非法出版物数据库、非法出版物网上鉴定平台、互联网违禁内容监测管理平台、出版物市场实时监控平台；加强"扫黄打非"队伍建设；加强"扫黄打非"的装备保障，全面提高"扫黄打非"工作水平和工作效率。2011 年 10 月 18 日，中共中央颁布了《中共中央关于深化文化体制改革 推动社会主义文化大发展大繁荣若干重大问题的决定》，提出依法惩处传播有害信息行为，深入推进整治网络淫秽色情和低俗信息专项行动，严厉打击网络违法犯罪。2012 年 3 月 15 日，江苏省人民政府颁布了《关于加快江苏数字出版产业发展意见的通知》，提出强化网络监管，建立属地内出版、外宣、公安、通信、"扫黄打非"等部门的协调、沟通和信息共享机制，全面提升主动监管能力和技术保障水平；加大对互联网低俗之风和手机网站传播淫秽色情信息的打击力度，加强对网络游戏出版审批把关和网络游戏动态出版、非法出版的监管，全面净化互联网和手机出版环境。2014 年 12 月 18 日，新闻出版广电总局颁布了《关于推动网络文学健康发展的指导意见》，提出坚持依法行政、依法管理，加快推进网络出版监管属地管理体制机制建设，加强管理部门网络出版执法队伍和监管能力建设，发挥"扫黄打非"综合协调作用，综合运用法律、行政、经济等多种方式，加大对利用网络文学传播淫秽、色情等有害内容的打击力度；大力整治扰乱市场秩序、侵害用户利益等行为，引导网络文学产业链各环节建立透明、诚信的收益分成机制；督促网络文学企业加强对签约、注册作者和自由撰稿人的规范化管理；搭建数字化社会舆论监督的便捷通道，简化读者举报受理流程，探索引入公众参与监督的便捷途径；健全法律法规，加强日常监管，持续打击网络文学作品侵权盗版行为，保障著作权人合法权益，构建网络文学版权保护的长效机制。2017 年 9 月 20 日，新闻出版广电总局发布了《新闻出版广播影视"十三五"发展规划》，提出充分用好"扫黄打非"平台，有效整合相关部门资源，深入开展专项行动，坚决打击新闻出版广播影视领域的违法犯罪活动；持续开展网上"扫黄打非"，建立高效、完备、有力的网上"扫黄打非"工作体制机制；坚持传统媒体和新兴媒体管理一个标准、一把尺子，督导网站落实主体责任和专项治理相结合，先审后播后发制度；坚持日常监管与坚决遏制过度娱乐化和低俗化倾向；加强对重点报刊使用网络低俗语言的监测、监督和检查；加强印刷复制发行市场监管，加大对内部资料性出版物、网上书店等重点领域治理力度；继续丰富和拓展联防协作工程，深入推进"扫黄打非"进基层，不断夯实工作基础。

打击盗版方面，2003 年 7 月 17 日，新闻出版总署、教育部等 4 部门联合颁布《关于开展 2003 年秋季盗版教材、教辅读物专项治理行动的通知》，该通知认为当前制作、销售和采购盗版教材、教辅读物的现象非常严重，这种行为不仅严重侵害了著作权人和出版单位的合法权益，也扰乱了出版物市场秩序，应该进行专项治理，具体的措施是加强对出版市场的监管、加强对出版企业的监管和对学校使用盗版教材教辅的情况进行清理。2005 年 10 月 18 日，中宣部、新闻出版总署等 6 部门颁布《关于印发〈严厉打击侵权盗版违法犯罪活动区域性整治行动工作方案〉的通知》，提出自 2005 年 11 月 1 日起开始对侵权盗版活动进行为期三个月的集中治理，治理重点是继续深挖非法光盘生产线；进一步规范音像制品发行企业、复制生产单位和印刷企业的经营活动；深挖制作、储存、运输、销售侵权盗版出版物的犯罪团伙，摧毁盗版出版物的产销网络，抓获一批犯罪分子。2006 年 7 月 12 日，中宣部、新闻出版总署等 11 部门联合颁布《关于开展集中打击盗版音像和计算机软件制品行动的通知》，提出了集中治理盗版音像制品和计算机软件产品的活动，重点任务是检查所有音像和计算机软件制品集中经营场所及批发、零售、出租、放映单位；清理并取缔销售盗版音像和计算机软件制品的无证照经营者及游商、地摊；追查盗版音像和计算机软件制品的生产源头，打击非法制作、复制、仓储窝点，查处违规出版单位和复制企业；通过新闻媒体，宣传报道《公告》内容和自查自纠、执法检查情况，公布重大案件的查处过程和处理结果，以震慑违法犯罪分子，提高全民知识产权保护意识。

保护知识产权方面，2004 年 9 月 30 日，新闻出版总署颁布《关于印发国家新闻出版总署（国家版权局）保护知识产权专项行动实施方案的通知》，提出要打击侵权盗版活动，提高保护知识产权的水平和能力，增强全社会知识产权保护意识，营造良好的市场秩序。该通知提出的具体措施是开展打击盗版教材、教辅读物专项行动；开展打击软件盗版专项行动；开展打击印刷复制业侵权盗版专项行动；开展打击盗版光盘专项行动和积极做好地方各级人民政府软件正版化工作。2008 年 6 月 5 日，国务院颁布《关于印发国家知识产权战略纲要的通知》，提出实施知识产权战略的重点，其中包括加强知识产权保护与防止知识产权滥用的内容，具体是"修订惩处侵犯知识产权行为的法律法规，加大司法惩处力度。提高权利人自我维权的意识和能力。降低维权成本，提高侵权代价，有效遏制侵权行为……制定相关法律法规，合理界定知识产权的界限，防止知识产权滥用，维护公平竞争的市场秩序和公众合法权益"。2010 年 8 月 16 日，新闻出版总署颁布《关于加快我国数字出版产业发展的若干意见》，提出加强版权保护，要加大版权保护宣传力度，强化版权保护意识；加大对数字版权侵权盗版行为的打击力度，切实保障著作权人合法权益；加快技术创新和标准制定，为版权保护提供有效的技术手段；积极建立以司法、行政、技术和标准相结合的版权保护体系。2011 年 3 月 25 日，上海市人民政府办公厅颁布了《关于促进本市数字出版产业发展若干意见》，提出加强知识产权保护，将数字网络领域列为打击盗版专项执法重点，鼓励研发数字版权保护共性技术，探索开展适合数字出版企业特点和需要的知识产权侵权保险业务。2013 年 12 月 30 日，新闻出版广电总局颁布了《关于加强数字出版内容投送平台建设和管理的指导意见》，提出从法规建设、专有技术、社会教育等多方面入手，完善数字出版版权保护体系，建立数字出版版权监管制度，持续打击数字出版内容侵权盗版行为，逐步解决数字出版版权授权和使用中的深层次问题，开展数字出版内容资源唯一标识试点工作，鼓励有条件的内容提供者和投送平台先行尝试建立本企业内容资源标识标准。2014 年 12 月 18 日，新闻出版广电总局颁布了《关于推动网络文学健康发展的指导意见》，提出切实加强版权保护，健全法律法规，加强日常监管，持续打击网络文学作品侵权盗版行为，保障著作权人合法权益，构建网络文学版权保护的长效机制；鼓励企业建立规范的版权资产登记、使用、流转等环节管理制度，提高存量版权资产评估和增量版权资产使用水平；加快网络文学作品版权保护技术及标准研发和运用，逐步形成司法、行政、技术和标准相结合的版权保护体系；加大版权保护宣传力度，引导产业链各环节及社会公众树立和强化版权保护意识。2017 年 4 月 11 日，文化部颁布《关于推动数字文化产业创新发展的指导意见》，提出建立司法、行政、技术和标准相结合的数字文化知识产权保护体系，完善知识产权快速维权机制，加大管理和执法力度，打击数字文化领域盗版侵权行为。2017 年 9 月 20 日，新闻出版广电总局颁布了《新闻出版广播影视"十三五"发展规划》，提出加强版权保护体系建设，大力推进互联网环境下的版权治理与流通体系建设，坚持先授权后使用、先授权后传播原则，完善原创作品版权保护和有偿使用制度，建设与完善国家版权监管与服务平台；加大网络版权监管，重点打击各种利用新技术手段侵权盗版的行为；推进建立软件正版化长效机制，实行适合我国发展国情的著作权保护制度，维护著作权人合法权益，营造公平、开放、透明的版权产业环境，增强市场主体创新创业动力；加强版权社会服务体系建设。

### 三 完善出版产业法规体系

数字化转型背景下出版产业法规体系的完善，主要是使得出版企业在日常运营过程中"有法可依"，此阶段主要做了两个方面的工作：一是逐步形成我国出版产业法规的基础，具体包括《中华人民共和国著作权法》《印刷业管理条例》《出版管理条例》《音像制品管理条例》《计算机软件保护条例》《著作权法实施条例》，同时根据出版产业发展环境的变化，特别是数字化技术在产业中的应用，及时对出版产业基础法规进行修订；二是在出版产业法规基础上，适应数字化技术的发展趋势，继续出台相关配套的法规，以完善出版产业的法规体系。

第一，出版产业法规基础形成与修订。2012 年 3 月 31 日，《中华人民共和国著作权法》进行了修订，具体内容包括著作权赔偿标准上限提高一倍；行政管理部门增加查封扣押权；增加了延伸性集体管理内容；首次将"实用艺术作品"纳入了著作权保护范围等。根据 2013 年 1 月 30 日中华人民共和国国务院令第 632 号《国务院关于修改〈计算机软件保护条例〉的决定》，对《计算机软件保护条例》和《著作权法实施条例》进行了修订。

根据 2016 年 2 月 6 日，国务院颁布的《国务院关于修改部分行政法规的决定》（国务院令第 666 号），对《出版管理条例》《印刷业管理条例》《音像制品管理条例》分别进行了修订。《出版管理条例》修订的内容主要涉及行政管理内容，比如将《出版管理条例》第三十五条修改为："单位从事出版物批发业务的，需经省、自治区、直辖市人民政府出版行政主管部门审核许可，取得《出版物经营许可证》。"《印刷业管理条例》修订的内容主要涉及行政管理、委托印刷制度、出版违法活动等内容，比如增加第十三条："出版行政部门应当按照国家社会信用信息平台建设的总体要求，与公安部门、工商行政管理部门或者其他有关部门实现对印刷企业信息的互联共享。"《音像制品管理条例》修订的内容主要涉及行政管理、音像出版单位变更等内容，比如将第十七条第一款修改为："音像出版单位以外的单位设立的独立从事音像制品制作业务的单位（以下简称音像制作单位）申请从事音像制品制作业务，由所在地省、自治区、直辖市人民政府出版行政主管部门审批。省、自治区、直辖市人民政府出版行政主管部门应当自受理申请之日起60日内作出批准或者不批准的决定，并通知申请人。批准的，发给《音像制品制作许可证》；不批准的，应当说明理由。广播、电视节目制作经营单位的设立，依照有关法律、行政法规的规定办理。"第三款中的"审批设立音像制作单位"修改为"审批从事音像制品制作业务申请"。

相关配套法规出台方面，本阶段我国政府为适应出版产业的发展，出台了大量涉及行业整体管理、出版过程、互联网等方面的政策。行业整体管理方面，2004年6月17日新闻出版总署颁布《音像制品出版管理规定》，该规定出台的主要目的就是加强我国音像制品出版的管理，具体的内容包括音像制品单位的设立、活动的管理、复制的管理、审核登记、罚则等。2005年9月30日，新闻出版总署颁布《期刊出版管理规定》，该规定出台的主要目的是规范期刊的出版活动，主要内容包括期刊创办和其出版单位的设立条件、出版活动的管理、监督管理、法律责任等。2008年2月21日，新闻出版总署颁布《图书出版管理规定》，该规定出台的主要目的是规范我国图书的出版行为，加强对图书出版活动的监督与管理，具体的内容包括图书出版单位设立的条件、图书出版活动的管理、监督管理等。2008年2月21日，新闻出版总署颁布《电子出版物出版管理规定》，该规定出台的主要目的是加强电子出版物出版活动的管理，具体内容包括出版单位的设立、出版管理、进口管理、非卖品管理、委托复制管理、年度核验等。

编辑环节方面，此阶段出台的政策主要涉及著作权实施细则、出版物制作等方面。著作权实施细则方面，2003年7月24日国家版权局颁布《著作权行政处罚实施办法》，该办法出台的主要目的是规范著作权行政管理部门的行政处罚行为，保护著作权人的合法权益；2005年3月1日国务院颁布《著作权集体管理条例》，该办法出台的主要目的就是规范著作权集体管理活动，以利于使用者使用作品和保护著作权及相关权利人的权益。出版物制作方面，2008年2月21日新闻出版总署颁布《音像制品制作管理规定》，该规定出台的主要目的是加强音像制品制作经营活动的管理，促进音像制品制作行业的发展和繁荣。印刷环节方面，2003年7月18日新闻出版总署、公安部联合颁布《印刷品承印管理规定》，该规定出台的主要目的是完善承接印刷品管理制度，规范印刷业经营者的印刷经营行为，主要内容有承印验证与登记制度、印刷品保管与交付制度、印刷活动残次品销毁制度等。2011年1月11日新闻出版总署颁布《数字印刷管理办法》，该办法出台的主要目的是规范数字印刷经营活动，促进数字印刷健康发展。2009年6月30日，新闻出版总署颁布《复制管理办法》，该办法出台的主要目的是规范我国复制业的发展。发行方面，2005年4月28日中宣部、新闻出版总署等6部门颁布《关于加强文化产品进口管理的办法》，该办法出台的主要目的是加强和改进文化产品进口的管理。

互联网管理方面，2005年4月30日国家版权局、信息产业部联合颁布《互联网著作权行政保护办法》，该办法出台的主要目的是加强互联网信息服务活动中信息网络传播权的行政保护，规范行政执法行为；2006年5月18日，国务院颁布《信息网络传播权保护条例》，该条例出台的主要目的是保护著作权人的信息网络传播权；2010年8月1日，文化部颁布《网络游戏管理暂行办法》，该办法出台的主要目的是针对网络游戏进行管理和规范。2016年2月4日，新闻出版广电总局颁布了《网络出版服务管理规定》，该规定出台的主要目的是针对网络出版服务行为进行管理。2017 年 9 月 20 日，新闻出版广电总局提出了《新闻出版广播影视"十三五"发展规划》，提出完善出版产业法规。互联网管理方面将逐步出台《手机媒体出版服务管理办法》《数据库出版服务管理办法》《互联网文学出版服务管理办法》《互联网游戏审批管理细则》《互联网游戏出版服务管理办法》等。

此阶段是我国政府大量出台出版产业法规的时期，为我国出版产业的健康、有序发展提供了相应的行为准则。

# 第二节　企业政策

2003—2017 年数字化转型背景下的企业政策主要涉及国有出版企业和非国有出版企业两大类。国有出版企业的改革措施主要有两个：一是将国有出版企业打造成真正的市场化主体，激励企业采用数字技术参与市场竞争，其中关键性的一步就是要将原有的出版单位转变为具有市场化行政的出版企业，然后进一步完善出版企业内部管理制度，即努力将出版企业建设成为产权清晰、权责明确、政企分开、管理科学的市场化企业，这就是所谓的出版单位"转企改制"；二是建立大型的出版发行集团，因为大型出版发行集团的建立有利于提高出版产业的集中度，加速产业数字化升级，从而优化产业资源配置，加快出版产业的发展。非国有出版企业改革的主要措施是逐步开放对非国有出版资本的市场准入，鼓励和支持非国有出版企业从事印刷、发行等新闻出版产业的有关经营活动。

## 一　完善出版企业管理机制

出版单位的"转企改制"主要是将事业性的出版单位部分转变为经营性的出版企业和加强出版企业内部的现代企业制度建设。

第一，此阶段涉及将事业性的出版单位转变为经营性出版企业的政策内容，具体体现在政策的宏观和微观两个层面，宏观层面主要是提出原则和指导性的意见，微观层面是提出具体的操作方法。

宏观层面，2003 年 9 月 4 日文化部颁布《关于支持和促进文化产业发展的若干意见》，提出要对国有经营性文化单位进行改革，具体措施是进行企业化改制、公司化改造，同时完善企业市场化的管理制度。2005 年 12 月 23 日，中共中央、国务院联合颁布《关于深化文化体制改革的若干意见》，提出要深化文化企业改革，规范国有文化单位的转制过程。2006 年 9 月 13 日，中共中央、国务院联合颁布《国家"十一五"时期文化发展规划纲要》，提出要培育文化市场的主体，提高国有文化企业的市场竞争力，具体的措施包括：一是推动经营性文化事业单位转制，规范转制过程；二是加快国有文化企业公司制改造，要按照现代企业制度的要求，加快国有文化企业的公司制改造，完善法人治理结构，推进产权制度改革。2006 年 12 月 30 日，新闻出版总署颁布《关于印发〈新闻出版业"十一五"发展规划〉的通知》，提出要推动新闻出版单位的改革，具体内容和目标是培育市场主体，完成出版单位从事业向企业的体制转换；同时到"十一五"末，完成国有独资出版企业的公司制改造。2009 年 9 月 10 日，文化部颁布《关于加快文化产业发展的指导意见》，提出完成经营性文化单位的"转企改制"，具体的措施是深化文化体制改革，加快经营性文化事业单位"转企改制"步伐，完成"转企改制"后的文化单位要积极建立现代企业制度，完善法人治理结构。2009 年 9 月 26 日，国务院颁布《文化产业振兴规划》，其中提出的规划目标是完成经营性文化单位"转企改制"，完善文化市场主体。2010 年 1 月 1 日，新闻出版总署颁布《关于进一步推动新闻出版产业发展的指导意见》，提出要深化出版业的体制改革，推动经营性新闻出版单位转制和改制，同时完成"转企改制"的出版单位，要在企业内建立和完善法人治理结构，实行股份制改造，以培育合格的出版市场主体。2011 年 3 月 14 日，第十一届全国人民代表大会颁布了《中华人民共和国国民经济和社会发展第十二个五年规划纲要》，提出按照政事分开、事企分开、管办分开、营利性与非营利性分开的要求，积极稳妥推进科技、教育、文化、卫生、体育等事业单位分类改革。2011年4月20日，新闻出版总署颁布《新闻出版业"十二五"时期发展规划》，提出在"十二五"时期，我国的新闻出版业要进一步深化新闻出版体制改革，在改革的重点领域和关键环节取得突破；具体目标包括全面完成非时政类报刊出版单位转制工作，加快推进党报党刊发行体制改革等。

微观方面，我国出版行政管理部门根据宏观政策中提出的出版单位"转企改制"的方针、原则和规划目标，将我国出版单位"转企改制"的目标进一步细化，具体内容包括行业改革细化方案、不同类别出版社改革方案、规范转制过程、数字化转型等。

在行业改革细化措施方面，2006年7月17日新闻出版总署颁布《关于深化出版发行体制改革工作实施方案》，提出了重塑市场主体，积极推动微观运行体制、机制的改革，涉及出版产业的具体措施主要包括四个方面：一是少数承担政治性、公益性出版任务的出版单位实行事业体制；二是对转制的出版单位进行股份制改造，实现投资主体多元化；三是在听取主管主办部门意见的基础上，有计划、有步骤地将中央和国家机关所属在京出版社逐步转制为企业；四是对于改制的出版单位给予注册、更名等方面的支持。2009年10月28日，新闻出版总署颁布《关于下发音像（电子）出版业体制改革实施方案的通知》，提出了音像（电子）出版业"转企改制"的具体方案，内容包括四个方面：一是规定了转制的时间期限，比如地方和高等院校所属音像（电子）出版单位必须在2009年底前全部完成转制；二是规范转制过程，做好清产核资、财务审计、资产评估、产权登记、参加社会保险、职工签订劳动合同、建立法人治理结构、注销事业法人、企业工商注册登记等相关工作；三是各个音像（电子）出版单位转制方案的主要内容及上报、审批程序参照图书出版社进行；四是加强转制单位的现代企业制度建设。

在不同类别出版社改革措施方面，2007年1月25日教育部和新闻出版总署联合颁布《关于印发〈高等学校出版体制改革工作实施方案〉的通知》，提出的改革内容包括高等学校出版体制改革的原则、体制类别、任务、步骤和转制后出版社内部管理体制建设等，比如改制的步骤包括试点、扩大试点、全面推广三个步骤。2008年12月29日，教育部和新闻出版总署联合颁布《关于进一步推进高校出版社改革与发展的意见》，提出了深化高校出版社体制改革，具体包括四个方面的内容：一是明确体制改革的总体要求；二是建设具有中国特色的高校出版体制；三是规范高校出版社的转制；四是深化高校出版社内部制度改革。2011年5月17日，中共中央办公厅、国务院办公厅联合颁布了《关于深化非时政类报刊出版单位体制改革的意见》，根据非时政类报刊的不同性质和功能，分期分批进行转制；省级、副省级和省会城市党委机关报刊所属的非时政类报刊出版单位，文化、艺术、生活、科普等非时政类报刊出版单位，专业技术性较强的行业性报刊出版单位，隶属于企业法人的报刊出版单位，要先行转制；鼓励和支持其他非时政类报刊出版单位申请先行转制；晚报、都市类和财经类报刊不同于一般非时政类报刊，承担着重要舆论引导职责，按照有利于做大做强主流媒体的要求，中央各部门各单位所属的都市类和财经类报刊、省级和副省级及省会城市报刊党刊所属的晚报、都市类和财经类报刊等出版单位，经批准可进行转制。

在规范转制过程方面，2008年9月26日财政部、中宣部和新闻出版总署联合颁布《关于中央出版单位转制和改制中国有资产管理的通知》，提出要加强中央出版单位转制、改制中国有资产的监督管理工作，主要有两个方面的内容：一是中央出版单位转制、改制过程中，要加强财务、资产的管理工作；二是中央各相关部委应该加强中央出版单位转制、改制中的国有资产监督工作。2009年7月7日，财政部颁布《关于中央级经营性文化事业单位转制中资产和财务管理问题的通知》，提出了加强和规范中央级经营性文化事业单位转制过程中的资产和财务管理工作，具体内容包括转制过程中的清产核资、资产评估、产权登记等方面的工作。2009年2月3日，教育部办公厅颁布《关于高校出版社转制工作有关规程的通知》，提出了高校出版社转制工作的规程，具体包括九个方面的内容：一是高校成立出版社转制领导小组；二是制定转制方案；三是清产核资、财务审计和资产评估；四是对出版社内部人员进行安置和调整劳动关系；五是加强对转制过程中的资产管理；六是转制后的出版社要及时建立法人治理结构；七是转制后的出版社要注销事业法人与进行企业登记；八是完善内部管理制度；九是完成转制后，需向教育部进行备案。

数字化转型过程中，2010年8月16日，新闻出版总署颁布了《关于加快我国数字出版产业发展的若干意见》，提出加快推动传统出版单位数字化转型。加快书报刊出版单位采用新技术和现代生产方式改造传统出版流程，高度重视出版资源数字化工作，加快存量资源整理，按统一标准进行分类、存储，积极探索出版资源数字版权授权解决方案，鼓励传统出版单位开展网络出版业务，支持传统出版单位设立完全市场化的数字出版公司，尽快做大做强，成为数字出版龙头企业；加快推动音像电子出版单位数字化升级，积极运用新媒体、新技术加速产业升级，鼓励音像电子出版单位与通信运营商、网络运营商及硬件制造商进行全方位合作，拓展新业态；加快推动传统印刷复制企业数字化改造，推动传统印刷复制企业积极采用数字和网络技术，改造印刷生产流程和设备，大力发展数字印刷，提高对消费者多样化、个性化需求的服务供给能力；大力增强网游动漫出版产品的创作和研发能力，鼓励企业通过自主创新，充分挖掘中华优秀文化，研发网游动漫精品，提高国产网游动漫产品的质量和市场占有率，提升产品附加值，打造网游动漫知名品牌，提高市场运作能力，组织实施民族网游动漫海外推广计划，大力支持国产原创网游动漫产品开发海外市场。

第二，加强出版企业内部的现代企业制度建设。2012年2月27日，新闻出版总署颁布了《关于加快出版传媒集团改革发展的指导意见》，详细提出了建立现代出版企业的制度方案。一是转换内部经营机制，按照市场规则和新闻出版发展规律，推动出版传媒集团继续深化以劳动、人事和分配三项制度为核心的内部改革；建立完善的企业职工考评制度和激励制度，设计合理的薪酬体系，鼓励智力、版权、技术等生产要素参与收益分配。二是进一步理顺管理体制，理顺行业管理和资产管理的关系，形成党委统一领导、党政齐抓共管、党委宣传部门组织协调、行政主管部门依法管理、企业自主经营的格局。三是健全内部管理机制，以明确范围、规范程序、强化监督和责任追究为重点，建立健全出版传媒集团重大决策、重要人事任免、重大项目安排以及大额度资金运作事项的"三重一大"决策、执行和监督体系，推动企业内部管理创新，强化质量管理和成本核算，形成有效的激励和制约机制，加强领导班子思想政治建设，增强政治敏锐性和政治鉴别力，筑牢思想防线，确保导向正确，充分发挥企业党组织的政治核心作用，推动企业加强自身品牌建设、内部文化建设，不断提高企业凝聚力，提升企业整体形象，形成体现文化企业特点的经营理念和发展模式。四是完善法人治理结构，指导和推动出版传媒集团切实规范转制到位，通过有效的制度安排，提高企业的市场竞争能力，健全董事会、监事会和经营管理层，探索建立职业经理人制度，明确所有者、经营者各自职责，形成符合现代企业制度要求、体现文化企业特点的资产组织形式和经营管理模式。五是推进股份制改造，指导和推动一批具备条件的出版传媒集团进行股份制改造，引入其他行业大型国有企业作为战略投资者，在国家政策许可范围内允许有序引入非公有制资本；鼓励出版传媒集团之间通过联合重组、参股等方式进行股份制改造，实现股权多元化。六是转换内部经营机制，按照市场规则和新闻出版发展规律，推动出版传媒集团继续深化以劳动、人事和分配三项制度为核心的内部改革，建立完善的企业职工考评制度和激励制度，设计合理的薪酬体系，鼓励智力、版权、技术等生产要素参与收益分配。七是引导和规范国有出版传媒集团与非公有文化企业开展合作，引导和规范国有出版传媒集团与非公有文化企业开展产品合作、项目合作、资本合作；允许国有出版传媒集团引进具备资质的非公有文化企业作为国有出版传媒集团的一个部门参与出版活动；允许出版传媒集团控股或参股成长性较好的非公有文化企业，实现跨所有制发展。

此阶段，政府按照各个时期不同要求，对于数字化转型背景下的国有出版企业的管理机制建设也提出了相应的政策。比如 2015 年 3 月 31 日，新闻出版广电总局联合财政部颁布了《关于推动传统出版和新兴出版融合发展的指导意见》，提出了完善经营管理机制，积极适应出版融合发展要求，主动探索出版单位内部组织结构的重构再造，逐步建立顺畅高效、适应市场竞争和一体化发展的内部运行机制；变革和融合传统出版和新兴出版生产经营模式，建立健全一个内容多种创意、一个创意多次开发、一次开发多种产品、一种产品多个形态、一次销售多条渠道、一次投入多次产出、一次产出多次增值的生产经营运行方式，激发出版融合发展的活力和创造力；探索建立首席信息官制度，加强版权、商标、品牌等的保护和多元化、社会化运营，构建融合发展状态下的经营管理模式。2017 年 9 月 20 日，新闻出版广电总局颁布了《新闻出版广播影视"十三五"发展规划》，提出进一步深化国有新闻出版广播影视企业改革，以提高国有资本效率、增强国有新闻出版广播影视企业市场竞争力为中心，继续大力推动已转制的新华书店、图书出版社、电子音像出版社、有线网络企业、电影发行放映企业、影视剧制作企业、非时政类报刊社等新闻出版广播影视企业进行公司制、股份制改造，建立健全现代企业制度和法人治理结构；完善新闻出版广播影视企业内部运行管理机制，建立健全双效统一的评价考核机制，完善新闻出版企业总编（主编）职责管理办法；开展国有控股上市传媒企业股权激励试点，探索建立国有传媒企业股权激励机制。抓紧在网络出版、网络视听节目领域开展特殊管理股制度试点。

**二　组建大型出版传媒集团**

本阶段国有出版企业另外一项重要的改革措施就是各地积极组建大

型出版传媒集团，这点体现在此阶段我国的出版产业宏观政策中。

2003 年 9 月 4 日，文化部颁布《关于支持和促进文化产业发展的若干意见》，提出"鼓励依托有实力的文化企业，以市场为导向，以资本和业务为纽带，运用联合、重组、兼并、上市等方式，整合优势资源，重点发展一批拥有自主知识产权和文化创新能力、主业突出、核心竞争力强的大型文化产业集团"。2005 年 12 月 23 日，中共中央、国务院颁布《关于深化文化体制改革的若干意见》，提出"重点培育发展一批实力雄厚、具有较强竞争力和影响力的大型文化企业和企业集团，支持和鼓励大型国有文化企业和企业集团实行跨地区、跨行业兼并重组，鼓励同一地区的媒体下属经营性公司之间互相参股"。2006 年 9 月 13 日，中共中央、国务院联合颁布《国家"十一五"时期文化发展规划纲要》，提出"培育一批具有较强竞争力和实力的出版企业集团，打造一批社会效益和经济效益显著、具有较强影响力的出版品牌……支持出版物发行企业开展跨地区、跨行业、跨所有制经营，重点发展连锁经营、现代物流和网络书店等现代出版物流通系统，形成若干大型发行集团"。2006 年 12 月 30 日，新闻出版总署颁布《关于印发〈新闻出版业"十一五"发展规划〉的通知》，提出"以集团建设为龙头，培养一批导向正确、实力雄厚、国际竞争力和市场控制力强大的企业集团，使之成为市场的引领者和产业发展的战略投资者"。2009 年 9 月 26 日，国务院颁布《文化产业振兴规划》，提出"出版物发行业要积极开展跨地区、跨行业、跨所有制经营，形成若干大型发行集团，提高整体实力和竞争力……着力培育一批有实力、有竞争力的骨干文化企业，增强我国文化产业的整体实力和国际竞争力。坚持政府引导、市场运作，科学规划、合理布局，在重点文化产业中选择一批成长性好、竞争力强的文化企业或企业集团，加大政策扶持力度，推动跨地区、跨行业联合或重组，尽快壮大企业规模，提高集约化经营水平，促进文化领域资源整合和结构调整"。2010 年 1 月 1 日，新闻出版总署颁布《关于进一步推动新闻出版产业发展的指导意见》，提出"鼓励实力较强的地方新闻出版企业先行整合资源，形成一批导向正确、主业突出、实力雄厚、管理规范、运行高效、核心竞争力强的区域性综合集团和行业性专业集团……重点培育六七家资产超过百亿、销售超过百亿的国内一流、国际知名的大型新闻出版企业，努力打造具有国际竞争力的跨国出版传媒集团"。2011 年 4 月 20 日，新闻出版总署颁布了《新闻出版业"十二五"时期发展规划》，提出进一步培育新闻出版骨干企业，鼓励有条件的新闻出版企业跨区域跨行业跨所有制经营和重组，推动新闻出版资源适度向优势企业集中，支持"专""精""特""新"的现代新闻出版企业发展。2012 年 2 月 27 日，新闻出版总署颁布了《关于加快出版传媒集团改革发展的指导意见》，提出积极推进出版传媒集团战略性改组，鼓励出版传媒集团通过整合报纸、期刊、图书、音像制品、电子出版物、数字出版业务和出版、印刷复制、发行等资源，实现多媒体、全产业链发展，鼓励出版传媒集团对业务相近、资源相通的中央和地方出版企业进行兼并重组，实现跨地区发展，鼓励出版传媒集团兼并重组新闻出版领域以外的其他国有企业，实现跨行业发展；支持出版传媒集团之间进行战略性合作，支持出版传媒集团采取联合研发、资源共享、平台共建、合作经营等方式进行战略性合作，支持出版传媒集团通过异地设立分支机构、连锁经营、与同类企业进行产品、项目和资本合作等方式，实现跨地区经营，支持出版传媒集团与广播电视、电信等行业的大型企业开展战略合作；支持出版传媒集团兼并重组，鼓励出版传媒集团通过整合报纸、期刊、图书、音像制品、电子出版物、数字出版业务和出版、印刷复制、发行等资源，实现多媒体、全产业链发展，鼓励出版传媒集团对业务相近、资源相通的中央和地方出版企业进行兼并重组，实现跨地区发展，鼓励出版传媒集团兼并重组新闻出版领域以外的其他国有企业，实现跨行业发展；支持主业突出、具有品牌优势的专业性出版传媒集团走特色经营之路。2012 年 5 月 7 日，文化部颁布了《文化部"十二五"时期文化改革发展规划》，提出培育骨干文化企业，将深化改革与调整结构、整合资源相结合，做强做大一批文化企业和企业集团，培育文化产业的骨干企业和战略投资者。2017 年 4 月 11 日，文化部颁布了《关于推动数字文化产业创新发展的指导意见》，提出培育一批具有较强核心竞争力的大型数字文化企业，引导互联网及其他领域龙头企业布局数字文化产业，支持企业实现垂直、细分、专业发展，鼓励数字文化企业的收购、兼并和创办，鼓励和支持各类高新技术企业与文化企业开展技术、项目等方面的合作，有序引导各类投资进入数字文化产业，大力扶持中小微数字文化企业，鼓励向"专精特新"方向发展，强化特色经营、特色产品和特色服务。2017 年 9 月 20 日，新闻出版广电总局颁布了《新闻出版广播影视"十三五"发展规划》，提出打破层级和区域限制，加快图书、报刊、广播、电影、电视资源聚合、产业融合；鼓励支持传媒企业跨地区跨行业跨所有制兼并重组，培育一批主业突出、具有创新能力和竞争力的新型骨干传媒公司；继续大力培育走内涵式发展道路的"专精特新"现代传媒企业；探索以国有资本金注入方式推动新闻出版企业兼并重组，培育国家级骨干出版传媒企业。

根据上述政策的要求，2003—2017 年间我国各地组建了许多大型的出版传媒集团。截至 2016 年 12 月 31 日，中国内地在境内外上市的出版传媒公司共计 37 家；其中出版公司 11 家，报业公司 7 家，发行公司 6 家，印刷公司 10 家，新媒体公司 3 家；根据股市流通市值，2016 年度排名前十位的 10 家出版传媒上市公司，详见表 5 – 2。其中在中国内地上市 33 家，在中国香港上市 4 家。凤凰传媒、中南传媒、中文传媒资产总额、营业收入和所有者权益均超过百亿元，共同组成"三百亿"公司阵营；"百亿"阵营持续扩大，大地传媒、皖新传媒、掌趣科技资产总额首次超过百亿，再加上新华文轩，"百亿"公司达到 11 家，占出版传媒上市公司总数的三分之一。出版公司主业发展良好，出版、发行、印刷业务继续保持核心主业地位。出版、发行、印刷业务收入在各出版上市公司营业收入中所占比重平均为 61.0%，7 家公司占比超过三分之二。数字出版、在线教育、新媒体、游戏娱乐、影视文化、大数据等新业态、新领域布局更加广泛，整体发展势头良好。

表 5-2　　　　　　2016 年度境内外上市的股市流通市值
前 10 位出版传媒上市公司

| 公司排名 | 公司名称 | 流通市值（单位：亿元人民币） |
| --- | --- | --- |
| 1 | 北京康得新复合材料股份有限公司 | 550.44 |
| 2 | 安徽新华传媒股份有限公司 | 319.77 |
| 3 | 中南出版传媒集团股份有限公司 | 299.21 |
| 4 | 江苏凤凰出版传媒股份有限公司 | 266.45 |
| 5 | 中文天地出版传媒股份有限公司 | 255.31 |
| 6 | 浙报传媒集团股份有限公司 | 209.85 |
| 7 | 华闻传媒投资集团股份有限公司 | 206.32 |
| 8 | 北京掌趣科技股份有限公司 | 178.92 |
| 9 | 深圳劲嘉彩印集团股份有限公司 | 135.56 |
| 10 | 东港安全印刷股份有限公司 | 108.92 |

### 三　非国有出版企业改革措施

2003—2017 年非国有出版企业改革的主要措施是逐步开放对非国有出版资本的市场准入，积极参与数字化背景下出版产业的发展，这点可以从此阶段颁布的宏观和微观的出版产业政策中体现出来。

宏观政策方面，2003 年 9 月 4 日，文化部颁布《关于支持和促进文化产业发展的若干意见》，提出要降低非国有资本的市场准入门槛，凡是国家允许进入的文化领域，均鼓励和支持非国有资本，特别是民营资本，以独资、合资、合作、联营、参股、特许经营等方式进入，鼓励和允许上市公司以资产重组或增发新股方式进入。2009 年 9 月 10 日，文化部颁布《关于加快文化产业发展的指导意见》，提出鼓励非公有资本进入文化产业，具体措施包括三个方面：一是依照国家相关政策，引导、扶持、规范非公有资本进入文化产业；二是积极鼓励非公有资本参与文化事业单位"转企改制"；三是非公有制文化企业在资金扶持、项目审批、政府采购、职称评定、命名评比、表彰奖励等政策支持方面，与国有文化企业享有同等地位。2009 年 9 月 26 日，国务院颁布《文化产业振兴规划》，提出进一步降低非国有资本的准入门槛，根据国家相关政策的规定，积极吸收社会资本和外资进入文化产业领域，参与国有文化企业的股份制改造，从而在我国形成以公有制为主体、多种所有制共同发展的文化产业格局。2010 年 1 月 1 日，新闻出版总署颁布《关于进一步推动新闻出版产业发展的指导意见》，提出引导和规范非公有资本有序进入新闻出版产业，具体措施有如下五个方面：一是鼓励、支持和引导非公有资本以多种形式进入政策许可的领域；二是鼓励和支持非公有制文化企业从事印刷、发行等新闻出版产业的有关经营活动；三是引导和规范个体、私营资本投资组建的非公有制文化企业以合作方式，有序参与图书出版活动；四是鼓励和支持非公有制文化企业开拓境外新闻出版市场；五是加强和改进服务，努力为非公有制文化企业持续快速健康发展创造良好的政策环境和平等竞争机会。2010 年 5 月 7 日，国务院颁布《关于鼓励和引导民间投资健康发展的若干意见》，提出"鼓励民间资本从事广告、印刷、演艺、娱乐、文化创意、文化会展、影视制作、网络文化、动漫游戏、出版物发行、文化产品数字制作与相关服务等活动"。2012 年 6 月 28 日，文化部颁布了《关于鼓励和引导民间资本进入文化领域的实施意见》，提出消除制约民间资本进入文化领域的制度性障碍，强化政策调节、市场监管、社会管理和公共服务职能，加大对民营文化企业、民办文化机构、民间文化组织等的服务力度，促进民间资本健康发展。2017 年 9 月 20 日，新闻出版广电总局颁布了《新闻出版广播影视"十三五"发展规划》，提出进一步引导民营企业健康有序发展，继续推进非公有制文化企业参与对外专项出版试点工作。

微观出版产业政策方面，主要是对放宽非国有资本准入措施的进一步细化，主要内容有规定可进入的出版投资领域、规范投资行为、规范融资行为。

2005 年 8 月 8 日，国务院颁布《关于非公有资本进入文化产业若干决定》，详细规定了非国有资本进入的领域，其中涉及出版产业的相关措施有：一是鼓励和支持非公有资本进入出版产业的书刊分销、音像制品分销、包装装潢印刷品印刷领域；二是鼓励和支持非公有资本从事文化产品和文化服务出口业务；三是允许非公有资本进入出版物印刷、可录类光盘生产、只读类光盘复制等文化行业和领域；四是非公有资本可以投资参股出版物印刷、发行领域，上述文化企业国有资本必须控股 51% 以上；五是非公有资本不得投资设立出版社，不得从事书刊、音像制成品等文化产品进口业务。2005 年 7 月 6 日，文化部、新闻出版总署等 5 部委联合颁布《关于文化领域引进外资的若干意见》，该意见对外资进入文化领域范围进行了详细规定，其中涉及出版产业的内容有如下五个方面：一是允许外商以独资或合资、合作的方式设立包装装潢印刷、书刊分销、可录类光盘生产企业；二是在中方控股 51% 以上或中方占有主导地位的条件下，允许外商以合资、合作的方式设立出版物印刷和只读类光盘复制等企业；三是在不损害我国审查音像制品内容的权利的情况下，允许外商以合作且中方占有主导地位的方式设立除电影之外的音像制品分销企业；四是在中方控股 51% 以上或中方占有主导地位的条件下，允许外商以合资、合作的方式参与国有书刊音像制品发行企业股份制改造；五是禁止外商投资从事书刊的出版、总发行和进口业务，音像制品和电子出版物的出版、制作、总发行和进口业务，外商不得通过出版物分销、印刷、广告、文化设施改造等经营活动，变相进入编辑和出版等宣传业务领域。2010 年 8 月 16 日，新闻出版总署颁布了《关于加快我国数字出版产业发展的若干意见》，提出支持非公有制企业从事数字出版活动，支持民营新技术公司研发基于不同传输平台和阅读终端的游戏、动漫、音乐等数字出版产品和具有自主知识产权的移动终端等硬件设备，建立数字出版企业评估体系，对长期从事数字出版活动且出版导向正确、技术实力雄厚、竞争优势明显、发展前景广阔、经营业绩突出的非公有制企业予以重点扶持。2012 年 6 月 28 日，文化部颁布了《关于鼓励和引导民间资本进入文化领域的实施意见》，提出鼓励和引导民间资本投资演艺、娱乐、动漫、游戏、文化旅游、艺术品、工艺美术、文化会展、创意设计、网络文化、数字文化服务等行业和领域。支持民间资本参与重大文化产业项目实施，鼓励民营文化企业跨区域、跨行业兼并重组。民间资本投资符合国家重点扶持方向的文化行业门类和领域，可通过项目补助、贷款贴息、保费补贴、绩效奖励等方式给予资金扶持。2014 年 12 月 18 日，新闻出版广电总局颁布了《关于推动网络文学健康发展的指导意见》，提出对导向正确、主业突出、管理规范、实力雄厚、核心竞争力强的民营文化企业授予网络文学出版资质，发挥其产品策划、资本运作、技术运用、生产管理、市场营销等多方面优势，使网络文学发展路径更加宽阔。

规范非国有资本的投融资行为方面，2003 年 3 月 17 日新闻出版总署和对外贸易经济合作部联合颁布《外商投资图书、报纸、期刊分销企业管理办法》，详细规定了外商投资我国图书、报纸、期刊分销企业的具体条件和管理办法。2003 年 7 月 25 日，新闻出版总署颁布《关于规范新闻出版业融资活动的实施意见》，该意见的出台主要是规范出版产业的融资活动。2004 年 2 月 9 日，文化部和商务部联合颁布《中外合作音像制品分销企业管理办法》，对中外合作音像制品分销企业的设立、审批、管理等条件作了详细规定。2011 年 10 月 18 日，中共中央颁布了《关于深化文化体制改革  推动社会主义文化大发展大繁荣若干重大问题的决定》，提出在国家许可范围内，引导社会资本以多种形式投资文化产业，参与国有经营性文化单位转企改制，参与重大文化产业项目实施和文化产业园区建设，在投资核准、信用贷款、土地使用、税收优惠、上市融资、发行债券、对外贸易和申请专项资金等方面给予支持，营造公平参与市场竞争、同等受到法律保护的体制和法制环境，加强和改进对非公有制文化企业的服务和管理，引导他们自觉履行社会责任。2012 年 6 月 28 日，文化部颁布了《关于鼓励和引导民间资本进入文化领域的实施意见》，提出建立健全多元化、多层次、多渠道的文化产业投融资体系，鼓励和支持民营文化企业借助资本市场做大做强。支持民营文化企业通过信贷、信托、基金、债券等金融工具融资，支持民营文化企业通过并购重组、上市等方式融资。鼓励和引导民间资本参与的金融机构、中介组织、各类投资基金进入文化产业领域。

# 第六章 数字化转型背景下出版产业政策绩效评价

出版产业政策评估是依据一定的标准和程序，对政策过程的效果、效益、效率和公众回应，进行判断、评定，从而决定政策变迁的活动。其具体内容包括出版产业的政策评估规范、测度、分析、评判。主要评估的标准就是看是否有利于提高出版产业的生产力、有利于提高出版产业的综合效益、有利于提高出版产业的国际竞争力。

数字化转型背景下出版产业政策绩效的评估，基于出版产业系统运行的客观数据与资料的收集与分析，来判断政策投入、产出、效率与影响的过程，从而为数字化转型背景下出版产业政策的调整提供科学的依据，进而促进整体出版产业的数字化转型。

## 第一节 评价方法

2003—2017年数字化转型背景下出版产业政策的绩效评价，和此阶段出版产业、数字出版产业的发展直接相关联；但是出版产业和数字产业的发展涉及多个因素，政策只是其中之一，量化政策在其中的作用是很难实现的。所以考虑到以上客观事实，此阶段的政策绩效评价基于两个方面——产业发展情况和政策背景——将数据和资料结合起来。

具体而言，第一步，分析产业发展情况，收集数据分析，得出出版产业和数字出版产业的发展指数与增长率情况，比较两者之间的关系；

第二步，基于第一步的基础上，分析当时的政策背景，从而得出2003—2017年数字化转型背景下出版产业政策的绩效评价。

第一步分析产业发展情况，首先要建立合理的指标体系来展现出版产业与数字出版产业的发展情况。指标体系的建立要依赖于两个条件：一是选出能够反映出版产业发展情况的细分指标；二是建立的指标体系有客观的数据支持，否则建立的指标体系只是"镜中之花，水中之月"。出版产业的情况根据出版产业的流程与出版产业的行业利润两个方面，建立了三个一级指标体系，具体包括图书的生产、销售以及反映出版产业发展的核心指标——行业利润。然后三个一级指标体系下面构建二级指标和三级指标。出版生产环节包括了出版与印刷流程，出版流程则用出版社的数量与图书生产能力，图书生产能力可进一步细化为图书种数、图书总印张和图书总印数三个指标来衡量；印数流程则用书刊印刷工业生产总值进行量化。出版产业的销售情况则用发行网点的数量、图书销售册数和图书销售金额三个指标进行量化。出版产业的利润指标细化为出版、印刷、发行三个环节的利润情况，详见表6-1。

表6-1　　　　　　　　　　出版产业评价指标体系

| 一级指标 | 生产 | | | 销售 | | | 利润 | | | 对外贸易 | |
|---|---|---|---|---|---|---|---|---|---|---|---|
| 二级指标 | 出版环节 | | | 印刷环节 | 发行网点 | 销售册数 | 销售金额 | 出版环节 | 印刷环节 | 发行环节 | 出口金额 | 进口金额 |
| 三级指标 | 出版社数量 | 图书生产能力 | | 工业总产值 | | | | | | | | |
| 四级指标 | | 图书种数 | 总印数 | 总印张 | | | | | | | | |

数字出版产业比较简单，根据中国新闻出版研究院每年发布的"中国数字出版产业年度报告"，以数字出版产业的产品范畴作为指标体

系，具体包括互联网期刊、电子书、数字报纸（不含手机报）、博客类应用、在线音乐、网络动漫、移动出版、在线教育、网络游戏、互联网广告。

其次，以第一年的数据为基础，将其出版产业发展指数定义为100，然后将此阶段各年的数据与第一年的出版产业数据进行比较，再对各种指标采取平均加权的方法，从而得出此阶段历年的出版产业发展指数。

第二步，根据前面的发展指数，分析数字出版产业与出版产业的发展关系，两者的增长率比较，然后找出2003—2017年产业发展的关键节点。以关键节点为基础，分析前后政策颁布实施情况，从而判断2003—2017年数字化转型背景下出版产业政策绩效。

## 第二节　绩效评价

第一步，对数据进行收集和整理。根据上节的评价方法，收集整理数据，得到表6-2和表6-3。其中两个表中存在数据缺失的问题。我们根据统计学中"缺失值的数据处理方法"，采用了"个案剔除法"和"均值、中位数或众数插补"方法。

"个案剔除法"指的是如果任何一个变量含有缺失数据的话，就把相对应的个案从分析样本中剔除，如果缺失值所占比例比较小的话，这一方法十分有效；这种方法也有很大的局限性，它是以减少样本量来换取信息的完备，会造成资源的大量浪费，丢弃了大量隐藏在这些对象中的信息，在样本量较小的情况下，删除少量对象就足以严重影响到数据的客观性和结果的正确性。

"均值、中位数或众数插补"方法，在变量十分重要而所缺失的数据量又较为庞大的时候，个案剔除法就遇到了困难，因为许多有用的数据也同时被剔除，这时可以采用均值、中位数或众数插补方法。在该方法中，我们将变量的属性分为数值型和非数值型来分别进行处理。如果缺失值是数值型的，就根据该变量在其他所有对象的取值的平均值来填充该缺失的变量值；如果缺失值是非数值型的，则根据统计学中的众数原理，用该变量在其他所有对象的取值次数最多的值来补齐该缺失的变量值。

表 6-2 中缺 2003—2008 年出版、印刷和发行的利润数据，具体操作以"定价总金额""销售总金额"作为基数，以 2009 年完整数据作为参照，根据"定价总金额""销售总金额"的历年比例来推导出2003—2008 年的出版、印刷和发行的利润数据。表 6-3 中缺"博客类应用""在线音乐""网络动漫""在线教育"的数据，也采用此方法，利用 2015 年的完整数据作为参照，根据比例逐步推导出上一年的缺失数据。

第二步，得出产业发展指数和产业增长率。具体方法如下，首先对数据采用平均加权法进行处理，权重根据指标评价体系进行赋值。表6-1 中"图书生产能力""对外贸易""销售""利润"四个一级指标进行平均加权，再对其二级指标"种数（种）""总印数（亿册张）""总印张（亿印张）""定价总金额（亿元）""出口金额（万美元）""进口金额（万美元）""发行网点""销售册数（亿册张）""销售金额（万元）""出版（亿元）""印刷（亿元）""发行（亿元）"进行平均加权，例如"图书生产能力"下的"种数（种）"指标，首先以指标"图书生产能力"获得 0.25 的权重，"种数（种）"属于"图书生产能力"的一个下属指标获得 0.25 的权重，那么两者相乘，"种数（种）"指标获得整体权重值为 0.0625。表 6-2 没有采用多级指标体系，所以直接对指标数据进行平均加权。最后得到表6-4"2003—2016 年出版产业、数字出版产业发展指数与增长率"、图 6-1"2003—2016 年出版产业发展指数"、图 6-2"2006—2016年出版产业发展指数"、图 6-3"2007—2016 年出版产业、数字出版产业增长率"。

表 6-2

2003—2016 年出版产业发展数据

| 年份 | 图书生产能力 | | | | 对外贸易 | | 发行网点 | 销售 | | 利润 | | |
|---|---|---|---|---|---|---|---|---|---|---|---|---|
| | 种数（种） | 总印数（亿册张） | 总印张（亿印张） | 定价总金额（亿元） | 出口金额（万美元） | 进口金额（万美元） | | 销售册数（亿册张） | 销售金额（万元） | 出版（亿元） | 印刷（亿元） | 发行（亿元） |
| 2003 | 190391 | 66.7 | 462.22 | 561.82 | 2330.34 | 14608.27 | 67356 | 157.54 | 1070.2 | 151.01 | 307.41 | 134.62 |
| 2004 | 208294 | 64.13 | 465.59 | 592.89 | 2546.23 | 16254.93 | 139150 | 156.1 | 1131.35 | 159.36 | 324.41 | 142.31 |
| 2005 | 222473 | 64.66 | 493.29 | 632.28 | 3287.19 | 16418.35 | 159508 | 157.98 | 1229.81 | 169.95 | 345.96 | 154.69 |
| 2006 | 233971 | 64.08 | 511.96 | 649.13 | 3631.44 | 18093.51 | 159706 | 160.51 | 1336.05 | 174.48 | 355.18 | 168.05 |
| 2007 | 248283 | 62.93 | 486.51 | 676.72 | 4011.65 | 19939.05 | 167254 | 161.19 | 1366.67 | 181.9 | 370.28 | 171.9 |
| 2008 | 275668 | 69.36 | 560.73 | 791.43 | 3487.25 | 24061.4 | 161256 | 166.43 | 1456.39 | 212.73 | 433.04 | 183.18 |
| 2009 | 301719 | 70.37 | 565.5 | 848.04 | 3437.72 | 24505.27 | 160407 | 162.09 | 1600.57 | 227.95 | 464.02 | 201.31 |
| 2010 | 328387 | 71.71 | 606.33 | 936.01 | 3711 | 26008.58 | 167882 | 172.53 | 1775.4 | 290.7 | 578.4 | 206.8 |
| 2011 | 369523 | 77.05 | 634.51 | 1063.06 | 5894.12 | 28373.26 | 168586 | 178.17 | 1953.49 | 328.26 | 614.60 | 185.14 |
| 2012 | 414005 | 79.25 | 666.99 | 1183.37 | 7282.58 | 30121.65 | 172633 | 190.08 | 2159.88 | 399.56 | 721.81 | 196.03 |
| 2013 | 444427 | 83.1 | 712.58 | 1289.28 | 8115.46 | 28048.63 | 172447 | 199.33 | 2346.15 | 443.31 | 775.78 | 221.11 |
| 2014 | 448431 | 81.85 | 704.25 | 1363.47 | 7830.44 | 28381.57 | 169619 | 199.05 | 2415.52 | 494.13 | 814.66 | 254.91 |
| 2015 | 475768 | 86.62 | 743.19 | 1476.09 | 7942.6 | 30557.53 | 163650 | 199.45 | 2563.74 | 530.46 | 871.97 | 259.67 |
| 2016 | 499884 | 90.37 | 777.21 | 1580.96 | 7785.11 | 30051.73 | 163102 | 208.27 | 2771.34 | 627.33 | 882.70 | 281.97 |

数据来源：根据新闻出版总署发布的历年"新闻出版业基本情况"整理而成，参见全国新闻统计网（http://www.ppsc.gov.cn）。

表6-3　2006—2016年数字出版产业发展数据

| 年份 | 互联网期刊 | 电子书 | 数字报纸（不含手机报） | 博客类应用 | 在线音乐 | 网络动漫 | 移动出版 | 在线教育 | 网络游戏 | 互联网广告 | 总计（亿元） |
|---|---|---|---|---|---|---|---|---|---|---|---|
| 2006 | 6 | 1.5 | 2.5 | 6.5 | 1.2 | 0.1 | 80 | 8.7 | 65.4 | 49.8 | 213 |
| 2007 | 7 | 2.5 | 3.5 | 9.75 | 1.52 | 0.25 | 81 | 14.81 | 105.7 | 75.6 | 362.42 |
| 2008 | 5.13 | 3 | 2.5 | 5.29 | 1.3 | 3.17 | 190.8 | 22.75 | 183.79 | 170.04 | 556.56 |
| 2009 | 6 | 4 | 3.1 | 7.6 | 2.13 | 4.56 | 314 | 32.68 | 256.2 | 206.1 | 799.4 |
| 2010 | 7.49 | 5 | 6 | 10 | 2.8 | 6 | 349.8 | 43 | 323.7 | 321.2 | 1051.79 |
| 2011 | 9.34 | 16.5 | 12 | 24 | 3.8 | 3.5 | 367.34 | 56.33 | 428.5 | 512.9 | 1377.88 |
| 2012 | 10.83 | 31 | 15.9 | 40 | 18.2 | 5 | 486.5 | 79.12 | 569.6 | 753.1 | 1935.49 |
| 2013 | 12.15 | 38 | 11.6 | 15 | 43.6 | 22 | 579.6 | 103.84 | 718.4 | 1100 | 2540.35 |
| 2014 | 14.3 | 45 | 10.5 | 33.2 | 52.4 | 38 | 784.9 | 138.47 | 869.4 | 1540 | 3387.7 |
| 2015 | 15.85 | 49 | 9.6 | 11.8 | 55 | 44.2 | 1055.9 | 180 | 888.8 | 2093.7 | 4403.85 |
| 2016 | 17.5 | 52 | 9 | 45.3 | 61 | 155 | 1399.5 | 251 | 827.85 | 2902.7 | 5720.85 |

数据来源：根据中国新闻出版研究院发布的历年"数字出版产业年度报告"整理而成。

表 6 – 4 　 2003—2016 年出版产业、数字出版产业发展指数与增长率

| 年份 | 产业发展指数 | | 产业增长率 | |
|---|---|---|---|---|
| | 出版产业 | 数字出版产业 | 出版产业 | 数字出版产业 |
| 2003 | 100 | — | — | — |
| 2004 | 137 | — | 0.37 | — |
| 2005 | 150.66 | — | 0.1 | — |
| 2006 | 155.7 | 100 | 0.033 | — |
| 2007 | 164.8 | 152.74 | 0.058 | 0.527 |
| 2008 | 173.32 | 263.21 | 0.052 | 0.723 |
| 2009 | 181.52 | 376.16 | 0.047 | 0.429 |
| 2010 | 194.37 | 489.11 | 0.071 | 0.3 |
| 2011 | 210.63 | 646.68 | 0.084 | 0.322 |
| 2012 | 228.53 | 907.13 | 0.085 | 0.403 |
| 2013 | 237.43 | 1192.22 | 0.039 | 0.314 |
| 2014 | 237.63 | 1589.93 | 0.01 | 0.334 |
| 2015 | 245.33 | 2025.46 | 0.032 | 0.274 |
| 2016 | 252.47 | 2631.26 | 0.029 | 0.229 |

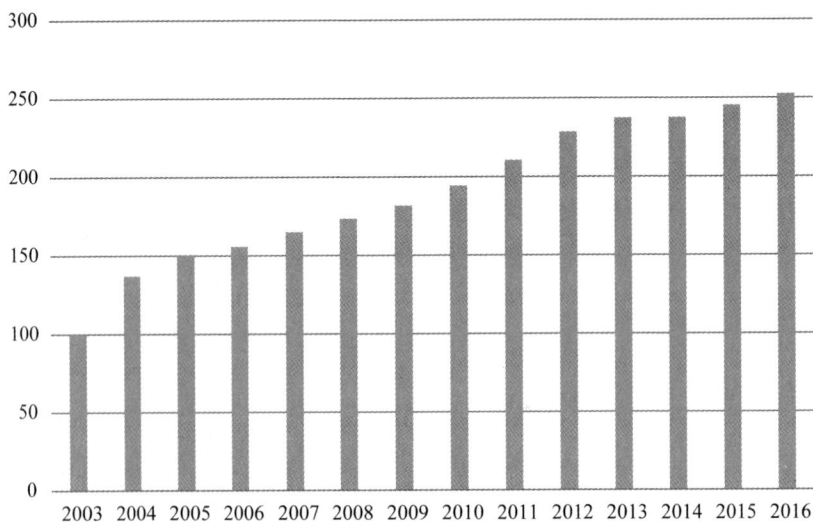

图 6 – 1 　 2003—2016 年出版产业发展指数

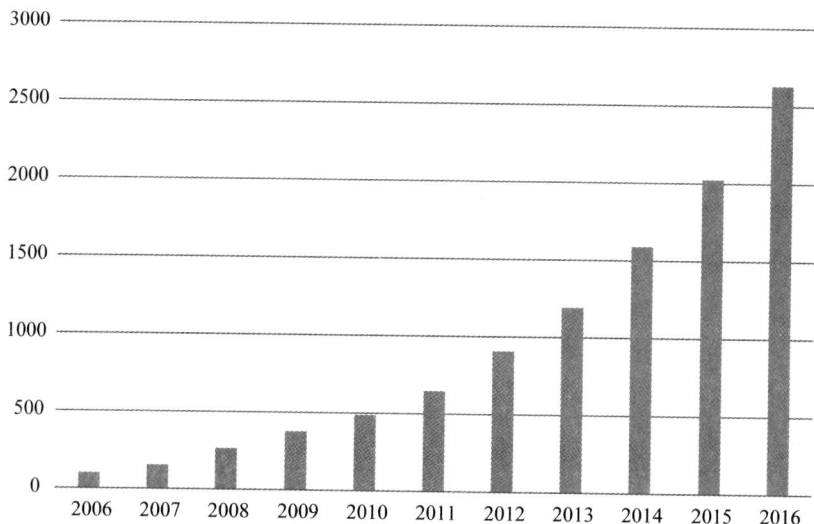

**图 6 - 2　2006—2016 年出版产业发展指数**

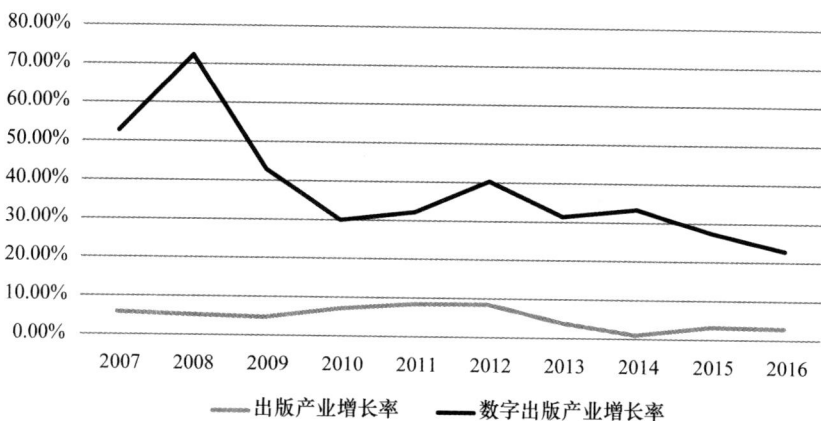

**图 6 - 3　2007—2016 年出版产业、数字出版产业增长率**

　　第三步，根据以上数据整理而成的四个图表，并结合 2003—2017 年出版产业政策颁布实施情况，对 2003—2017 年数字化转型背景下出版产业政策的绩效进行评价。

　　首先分析出版产业与数字出版产业发展指数，出版产业发展指数从整体来看发展平稳，从 2003—2016 年整体指数大约有 2.5 倍的增长，也就是说整体出版产业在 14 年间从产业体量上看有 2.5 倍的增加；从微观上看，2003—2009 年，每年平均指数增长大约是十几的指数，2009—2016 年，指数增长逐渐放缓，每年平均指数增长都在十以下。数字出版产业发展指数，从 2006—2016 年，产业整体指数大约提升了 26 倍，说明此阶段数字出版产业的整体规模增长快；从阶段上看，以 2012 年作为分水岭，2012 年以前数字出版产业发展指数增长快，2012 年后数字出版产业发展指数增加放缓，也就是说 2012 年后数字出版产业整体规模的增长放缓。

然后对出版产业与数字出版产业增长率进行比较分析，出版产业的增长率从 2007—2016 年保持平稳低速增长，2011 年和 2012 年增速到最高峰，然后增速逐渐放缓；数字出版产业一直保持高速增长，最低也有百分之二十几的增长率，最高有百分之七十左右的增长率，但是增速一直是下降趋势。

最后从宏观和微观两个方面对 2003—2017 年数字化转型背景下我国出版产业政策的绩效进行评价。从宏观上看，此阶段的出版产业和数字出版产业都保持了增长，政策在其中发挥了积极的作用。[①] 数字出版产业是出版产业的组成部分，是未来出版产业的发展方向，此阶段数字出版的增长率远远高于出版产业的增长率，也就是说数字出版在出版产业中所占比重越来越大，2003—2017 年数字化转型背景下我国出版产业政策对于整体的产业转型起到了积极的作用。从微观上看，此阶段产业增长率呈现先上升然后慢慢下降的一个大致趋势，其中 2011 年和 2012 年是大致分水岭，这和出版产业数字化转型政策的颁布时间大致是吻合的，此阶段有关数字化转型的产业政策是最多的，也就是说此阶段的政策对推动产业发展和产业数字化升级起到了积极的作用；2009 年以前的数字出版产业飞速发展最主要得益于互联网产业飞速发展的大环境，2011 年增速放缓主要是因为互联网整体发展速度减缓。

---

① 产业的增长涉及多个方面，政策的作用只是其中之一，要具体量化政策在其中的作用是困难的，特此说明。

# 第七章 数字化转型背景下
# 出版产业政策建议

通过对2003—2017年数字化转型背景下我国出版产业政策内容和绩效分析，笔者认为我国党和政府对出版产业的管理，应该在今后的出版产业政策制定、实施与调整过程中，借鉴成功经验，规避不足。那么为促进出版产业的数字化转型，我国出版产业政策未来应该怎么样发展？笔者认为应该从出版产业的政策性质、政策内容和政策过程三个角度来分析。

## 第一节 政策性质

政策的性质就是政策的价值取向，是对政策系统行为的选择，即对社会资源的提取和分配以及对行为管制的选择。我国政府对于出版产业政策制定的价值取向是明确的——社会效益放在首位，社会效益和经济效益相统一。数字化转型背景下的出版产业政策性质也是明确的，即体现社会效益为首位，鼓励以数字化的技术方式来实现出版产业的社会效益和经济效益的统一。

我国出版产业政府管理部门对于政策性质的规定是明确的。中国共产党第十九次全国代表大会上，对文化产业政策性质（出版产业政策是文化产业政策的一部分）提出："要深化文化体制改革，完善文化管理体制，加快构建把社会效益放在首位、社会效益和经济效益相统一的体制机制……健全现代文化产业体系和市场体系，创新生产经营机制，完善文化经济政策，培育新型文化业态。"① 这里明确了政策的根本性质是社会效益放在首位，社会效益与经济效益相统一；同时也明确了产业的性质，产业的一个基本属性是市场化，出版产业也概莫能外，出版产业政策依然要激励产业市场化发展，所以提出健全现代文化产业体系和市场体系，创新生产经营机制，完善政策体系；还提出对产业发展的前瞻性，对于出版产业来说就是数字化转型，所以提出培育新型产业业态。

2015 年 9 月 14 日中共中央办公厅、国务院办公厅联合印发了《关于推动国有文化企业把社会效益放在首位、实现社会效益和经济效益相统一的指导意见》，提出"以建立有文化特色的现代企业制度为重点，以落实和完善文化经济政策、强化国有文化资产监管为保障，建立健全确保国有文化企业把社会效益放在首位、实现社会效益和经济效益相统一的体制机制，打造一批具有核心竞争力的骨干文化企业，推动社会主义文化大发展大繁荣"②。尽管该政策对象是关于文化企业的（出版企业也是其中之一），但是政策也体现了数字化转型背景下出版产业政策的性质，强调了政策的根本性、产业性与数字性：根本性质还是社会效益放在首位、实现社会效益和经济效益相统一，将根本性质体现在企业的组织结构中；产业性是打造一批具有核心竞争力的骨干文化企业；数字性就是强化技术对于企业发展的支撑。

总之，在我国当前的国情下，我国数字化转型背景下的出版产业政策性质是稳定且明确的，即体现以社会效益为首位，鼓励以数字化的技术方式来实现出版产业的社会效益和经济效益的统一。

## 第二节　政策内容

综上所述，2003—2017 年以来我国出版产业发展的外部环境受到

---

① 习近平：《决胜全面建成小康社会　夺取新时代中国特色社会主义伟大胜利——在中国共产党第十九次全国代表大会上的报告》，人民出版社 2017 年版，第 44 页。

② 人民网：《关于推动国有文化企业把社会效益放在首位、实现社会效益和经济效益相统一的指导意见》，http://politics.people.com.cn，2015 年 9 月 15 日。

两大因素的影响：一是我国宏观经济改革的进一步深入，从 2003 年开始，我国党和政府依照这个任务，主要进行了社会主义市场经济所有制结构的进一步完善、生产要素的进一步市场化改革、政府行政管理体制改革和对外继续开放。二是数字技术在产业过程中的全面应用，从而促进数字经济的发展，一系列数字技术及应用的发展加速了数字经济在整体国民经济渗透的广度和深度，网络宽带化、物联网、云计算、大数据等数字技术成为信息技术新时代的重要特征，为互联网从面向消费到面向产业发展奠定了基础。

在外部环境影响下，2003—2017 年我国党和政府针对我国出版产业自身的发展特点出台了一系列出版产业政策，以实现出版产业的数字化转型。从宏观上看，此阶段的出版产业和数字出版产业都保持了增长，政策在其中发挥了积极的作用。数字出版产业是出版产业的组成部分，是未来出版产业的发展方向，此阶段数字出版的增长率远远高于出版产业的增长率，也就是说数字出版在出版产业中所占比重越来越大，2003—2017 年数字化转型背景下我国出版产业政策对于整体的产业的转型起到了积极的作用。

从微观上看，此阶段产业增长率呈现先上升然后慢慢下降的一个大致趋势，其中 2011 年和 2012 年是大致分水岭，这和出版产业政策数字化转型的颁布时间大致是吻合的，有关数字化转型的产业政策是最多的，也就是说此阶段的政策对推动产业发展和产业数字化升级起到了积极的作用。

未来的出版产业政策为实现产业数字化转型，需要结合历史经验，进一步完善出版产业政策内容，为出版产业的数字化转型提供支持。具体来说，要将数字化转型背景下出版产业政策性质体现在政策内容上，完善出版产业发展政策、结构政策和组织政策内容，促进产业数字化积极转型。

### 一　产业发展政策

出版产业发展政策是指政府为促进出版产业的结构调整和升级，用出版技术创新、优化空间布局等手段，来促进出版产业健康发展的政策总和；2003—2017 年以来我国数字化转型背景下出版产业发展政策分成技术政策、布局政策、外贸政策、金融政策和可持续发展政策。具体来看，此阶段出版产业发展政策是加大数字技术在行业中的应用，着重解决产业的关键技术难题；从未来看，我国出版产业发展政策要关注数字技术的升级换代，鼓励新兴数字技术在产业中的应用，促进产业数字化的进一步升级。

产业技术政策内容主要包括促进数字技术软硬件的升级换代、推进数字技术标准的建设和实施重大数字出版项目。未来的出版产业技术政策除关注上面的内容外，还要对新兴的数字技术及时关注，通过政策手段纳入产业发展中，特别是物联网、云计算、数字城市、大数据、区块链和 5G 技术等。

产业布局政策，主要是从我国出版产业数字化转型升级的整体角度对全国进行规划布局，具体内容包括积极支持以基础条件发展良好地区带动产业数字化升级、鼓励落后地区发展数字出版和支持品牌数字产品和企业走出去。未来的产业布局，要对前期的产业数字化转型的布局进行评估，总结前期的成功经验与不足之处，鼓励我国不同地区结合当地产业发展环境，因地制宜进行区域化产业数字化转型。

产业外贸政策的核心内容就是"走出去"战略，具体来说包括三个方面的内容：一是政府为我国数字出版企业开拓国际市场创造基本条件；二是打造有实力的企业和产品，塑造品牌，积极走出去参与国际竞争；三是实施"走出去"重大出版工程。未来的产业外贸政策要在前期开拓国际市场的条件下更进一步，通过有核心竞争力的数字化出版产品，积极参与国际化市场的竞争。

产业财政与金融政策主要内容有如下三个方面：一是加大政府对出版产业数字化转型升级的资金投入，通过安排专项资金和基金，进行财政扶持；二是落实税收优惠政策，促进产业发展；三是进行金融扶持，促进数字出版企业发展。未来产业财政与金融政策依然是通过资金和政策优惠促进产业的数字化转型。

产业可持续发展政策的内容主要包括两个方面：一是鼓励绿色环保的产业发展模式，这主要体现在出版产业的印刷环节，目的是为了适应全球的产业发展趋势；二是积极培育出版产业数字化转型的各种人才。未来的产业可持续发展关注编印发环境的绿色发展模式，同时为产业数字化转型培育产业可持续发展所需人才。

### 二　产业结构政策

出版产业结构政策是指政府遵循出版产业演进的一般规律和一定时期内的变化趋势，制定并实施的有关出版产业内的资源配置方式，以促进出版产业结构向协调化和集约化方向发展的一系列综合政策。

2003—2017 年数字化转型背景下的出版产业结构政策，主要内容是积极推进传统出版产品的数字化升级和发展出版产品的网络新形态；此阶段的政策分为数字出版内容政策和数字出版形式政策。数字出版内容政策主要有四个方面：创新数字出版的内容生产、积极建设数字出版内容传播渠道、实施重大数字出版工程和积极实施数字出版内容管理。数字出版形式政策主要集中在两个方面：一是传统出版产品形式的数字化；二是发展出版产品的网络新形态。

未来的数字化背景下的出版产业结构政策是基于数字技术的未来发展，在出版产品的内容和形式上进行数字化转型。如上文所述，一系列数字技术及应用的发展加速了数字经济在整体国民经济渗透的广度和深度；出版产业作为国民经济的组成部分，数字技术是出版产业数字化转型的基础——当前的数字技术具体来说就是大数据、智能化、移动互联网和云计算结合的"大智移云"等信息技术新时代的代表技术。

那么，未来的数字化背景下的出版产业结构政策就要通过政策手段鼓励与时代发展相吻合的数字技术在产业中的应用，比如移动互联网、物联网、云计算、大数据与人工智能等，通过这些技术来提升出版产品的内容与形式质量。移动互联网以随时随地联网能力支撑了个性化和社交化的业务与应用，产业结构政策要鼓励移动互联网提升出版产品的内容与形式的个性化，拓展以产品为核心的社会化应用。物联网延伸了人类感知世界的范围和扩展了信息获取能力，产业结构政策鼓励物联网技术的应用，拓展出版产品的内容丰富性。云计算以集约化的方式降低了政企用户的信息化成本，产业结构政策鼓励云计算技术的应用，拓展出版产品的形式多样性。大数据及与之关联的人工智能技术增强了人类认识世界的能力，数据驱动决策优化了社会运行和企业运营，产业结构政策鼓励大数据、人工智能技术在产业中的应用，再造传统出版产品的编印发的流程，努力实现出版产品的按需生产。

### 三 产业组织政策

出版产业组织政策是政府为达到维护有效的市场竞争的目的，而制定和采用的调整出版市场结构、规范出版市场行为的政策总和。从政策内容的角度来看，出版产业组织政策有经济规制、社会规制和反垄断规制。

2003—2017 年数字化转型背景下出版产业组织政策主要包括两个方面的内容：一是从宏观上对产业进行管理，提出公共规制政策，促进产业数字化转型升级，具体内容包括完善出版产业的管理机制、构建现代出版市场体系和完善出版产业法规体系；二是从微观上对企业进行管理，提出企业政策，促进企业数字化转型升级，具体内容包括完善出版企业管理机制、组建大型出版传媒集团和非国有出版企业改革措施。

未来的数字化转型背景下出版产业组织政策要整体促进产业的数字化转型升级，宏观上要继续完善出版产业的市场体系，微观上要促进市场竞争。市场体系完善方面，要建立科学的、数字化的出版管理体制，同时完善现代出版市场体系的整体战略，通过数字化方式发挥市场手段在出版资源配置中的作用；要完善产业法规体系，科学规制出版企业的市场行为，同时为了进一步适应数字化技术的变革趋势，要出台相关配套法规。微观方面，要加强出版企业的内部建设，做大做强国有出版企业，鼓励非国有出版企业积极参与出版市场竞争。

　　另外，从市场角度来看，供给和消费是市场的两端，我们在制定产业政策时，很容易忽略市场消费端，所以数字化转型背景下我国出版产业政策也应该注重消费者政策内容，比如对消费者购买数字化产品进行合理补贴，以便建立完善的出版产业市场体系与产业生态系统。

# 第三节　政策过程

　　在产业政策的性质、内容确定的前提下，出版产业政策需要有个完善的过程，应该形成一个科学的政策制定体系。目前，我国出版产业政策缺少一个科学的政策制定体系，出版产业政策的认定、规划、执行、评估和调整各个环节之间还没有建立有机联系，这会造成出版产业政策各个环节之间的脱节问题，严重的还会造成产业政策之间的冲突。比如以网络游戏的管理为例，2009 年 11 月 2 日新闻出版总署印发通知，终止对上海网之易网络科技发展有限公司代理游戏《魔兽世界》的申请，但第二天文化部即指责新闻出版总署处罚上海网之易网络科技发展有限公司属越权行为。① 科学的产业政策制定过程，能促进出版产业的数字化转型升级。具体的产业政策过程如图 7 - 1 所示。

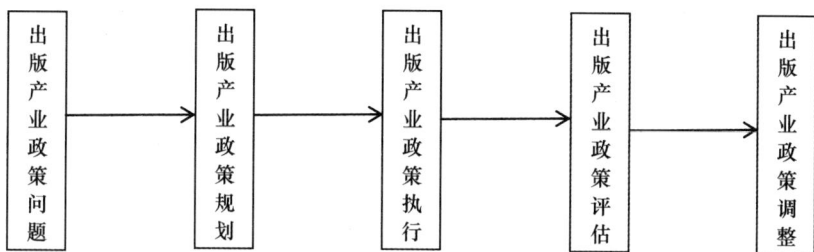

图 7 - 1　出版产业政策过程图

----

　　①　DoNews：《魔兽世界审批申请获受理　网易可能接受处罚》（https：//www.donews.com），2010 年 2 月 9 日。

## 一　出版产业政策问题

从过程的先后次序来看，出版产业政策问题可以分为问题的分析过程和议程设置过程，前者主要是发现与界定问题，找到问题的性质、特征等；后者主要是选择哪些问题进行解决的过程。

出版产业政策问题分析过程，主要是要找到问题的性质和特征。产业政策的问题性质是产业发展过程中出现的问题，已经被出版产业内个体或者组织关注到，并纳入出版产业政府管理范畴，进入政策过程。如本书上文所述，出版产业政策问题特征具有客观性、主观性、人为性、依存性、动态性。客观性是指任何产业政策问题都是客观存在的，是通过产业发展要素、产业结构要素和产业组织要素联结而成的。主观性是指产业政策问题是被公众所认定的，这明显带有一定的利益、价值和观念。人为性是指产业政策问题的认识和解决，都要通过人的行为来进行。依存性是指产业政策问题不是独立的个体。动态性是指产业政策问题的各个因素都随着社会的发展时刻在发生变化。

在厘清问题的性质和特征后，我们要对产业政策的问题进一步探究，进行准确的科学表述，具体来讲包括问题察觉、问题界定与问题陈述。从问题察觉到问题的界定，需要决策人员或者政策分析人员利用自身的价值观念、意识形态等知识对问题进行分析，所以往往看到同一个问题有不同的分析。从实质问题转换成制式问题时，这实际上是一个标准化的问题，就是将问题的各个关键要素梳理出来，一般要借助问题陈述的功能来完成，也就是专业的问题分析方法和技巧，比如统计方法、数学模型等。

以出版产业的数字化转型问题为例，首先要对问题进行分析，了解问题的性质与特征，并对问题进行科学表述。从性质上看，出版产业的数字化转型问题的确是影响产业可持续发展的重要问题，已经被产业内的个人和组织关注到，并进入政府政策议程中。从特征上看，出版产业的数字化转型问题具有客观性、主观性、人为性、依存性、动态性，该问题是产业发展中客观存在的；但是在数字化转型的具体认知上，产业内部看法不一，有些人认为技术要素重要，有些人认为政府规划重要，带有各自认知的角度，具有主观性和人为性；同时该问题是全国产业发展中的一个普遍问题，与产业发展环境具有关联性，所以该问题具有依存性和动态性。从问题的科学表述上看，要引用产业经济学和公共政策理论，以科学方法来进行分析，然后客观准确表达出来。

在对问题进行准确识别之后，出版产业政府管理部门根据问题对产业发展影响的大小判断是否进入议程之中。一旦进入议程设置过程中，那么议程设置中政府的角色要明确、设立途径要清晰。

依据政府的角色参与程度来判断，有积极性介入和消极性介入。政府具体介入的程度，要根据问题的性质、与产业发展的关联程度来进行——如果问题是需要非市场手段解决的，同时与产业发展高度相连的问题，出版产业政府管理部门应该积极介入；如果问题是市场手段能够自我发展解决的，出版产业政府管理部门应该消极介入。

产业政策议程设立一般有四个途径：一是出版产业中的个人，他们将产业发展中所关心的问题反映给出版产业政府管理部门；二是产业组织，产业组织向出版产业政府管理部门反映产业组织利益；三是大众传播媒介，媒介在大众生活中扮演着重要角色，成为表达民意的一个工具，产业中的很多问题可以通过传播媒介进行表达；四是出版产业政府管理部门，政府主动依据产业发展情况，发现问题，纳入解决问题的议程。

以出版产业的数字化转型问题为例，该问题对产业发展非常重要，是必须要纳入政策议程之中的。同时依据产业政策具体内容来判断政府介入的程度，比如数字技术政策中有关标准的问题，需要政府积极介入统一规划；数字技术的市场应用问题，交由市场竞争解决，政府介入程度低。最后依据产业政策议程的设立途径，通过政府与产业组织联合一起完成出版产业数字化转型的议程设置。

### 二 出版产业政策规划

出版产业政策规划是指针对未来的产业问题提出切实可行的解决方案的动态过程。出版产业数字化转型的政策规划主要是针对产业数字化转型，出版产业政府管理部门提出具体的解决方案的过程。从性质上看，这是一个经济问题；从规划时间上看，这既是一个长期问题，也有短期需要解决的问题；从参与人上看，与产业发展利益相关的人员都在其中。具体的规划原则有公正的原则、连续的原则、资源利用最大化的原则和紧急的原则。具体来看，出版产业政策规划有制定流程、确定目标、设计方案等环节。

制定流程方面，出版产业政策规划的制定流程包括政策问题的诊断或政策问题的界定与确认、确立政策目标、拟定政策方案、政策决定等实际过程。出版产业数字化转型政策的制定流程就是一个循环往复的复杂过程。

确定目标方面，要明确影响政策目标确立的影响因素：一是前期政策实施的情况，因为产业政策是连续的，先行政策或先前政策实施的结果是确定后续政策要达到目标的一个依据，出版产业的数字化转型政策的目标确立是基于现有的出版产业的数字化基础；二是产业政策可利用的资源，因为资源是产业政策的基本保障，是政策目标选择的基础，出版产业的数字化转型政策目标的实现与数字技术的利用紧密相关；三是产业政策制定主体的风险态度，态度决定了目标的风险形态，具体有稳健的目标和有风险的目标；四是产业政策制定时的社会宏观情况，包括政治因素、经济因素、技术因素等。

设计方案方面，出版产业的数字化转型政策方案的形成首先是政策各个利益相关方要达成共识。达成共识有三种具体的形式：一是交换，出版产业内部由传统产业和数字产业两个部分组成，同时资源有限，那么数字化转型政策就需要调和彼此的立场和态度，从而达成出版产业数字化转型政策目标；二是说服，指支持出版产业的数字化转型政策的人员要求支持传统出版产业政策的人员给予理解和支持的行为；三是强制，出版产业的数字化转型涉及产业发展多个方面，比如产业人员数字化素养的提升，就需要通过设立岗位要求、在职培训等强制性手段来实现。达成共识之后，要开始对产业政策方案进行进一步的细化设计，注意方案的完备性、方案的创新性和方案的可操作性。

### 三 出版产业政策执行

出版产业政策执行就是出版行政管理部门利用资源实现政策目标的过程；出版产业的数字化转型政策的执行就是出版行政管理部门利用产业资源实现产业的数字化转型。执行的模式是"自上而下"与"自下而上"的结合，构造一个循环结构的产业政策执行模式；具体来说就是出版产业行政管理部门作出决策后，政策开始执行，中间融合了多方因素，实施后的结果反馈到出版产业行政管理部门，然后影响到下一步的政策执行。为深入了解政策的执行，有必要深入了解政策执行的性质和影响因素。

产业政策执行是整个政策过程中的重要阶段，它是政策执行者有选择的、有组织的、复杂的行动过程。具体而言，产业政策执行的性质具有连续性、整体性、组织性与协调性。连续性体现在政策规划与政策执行两者相辅相成，前者是后者的基础，后者是前者落实的保障，出版产业的数字化转型政策规划的科学性与后期执行效率直接相关联；整体性体现在政策执行是政策执行者一连串的自觉的与不自觉的、偶然的与必然的行动，产业的数字化转型政策体现在发展、结构与组织要素的方方面面；组织性体现在政策执行是有组织的活动系统，产业的数字化转型政策需要出版产业政府管理部门、产业组织等群体与个人的全面参与；协调性体现在政策执行是一种利益协调行为，它是政策执行主体与目标群体通过相互作用对利益加以选择的过程，产业的数字化转型政策在不同的发展阶段需要依据环境的变化不断调整，协调利益取向。

产业政策执行的影响因素有三个部分，政策问题的可控程度、政策本身具有的条件和政策之外的条件。产业政策问题可控程度方面，问题的可控程度与有效的技术理论和技术、政策目标团体的行为及其个体数量、政策目标团体的合作程度等相关联，出版产业的数字化转型政策可控程度低，因为涉及的技术负责、组织种类多和需要协调的利益关联团体多。产业政策本身所具备的条件方面，具体来说包括政策前期制定的情况与政策资源，出版产业的数字化转型政策具备的条件应该说是有限的，政策前期制定情况是复杂的，因为技术的发展，政策制定的环境变化迅速，政策前期制定要想考虑完备是困难的；政策执行要调动的资源众多，也是有限的。产业政策本身之外的条件方面，具体包括公共政策目标人群的协作程度、经济和技术环境、组织间的沟通情况等；出版产业的数字化转型政策目标人群的竞争激烈，协作程度低，社会经济与技术发展迅速，环境复杂，组织成员协调困难，对出版产业的数字化转型政策执行带来挑战。

### 四　出版产业政策评估

产业政策的评估就是基于系统和客观资料收集与分析，来判断产业政策投入、产出、效率与影响的过程，从而为产业政策的调整提供科学的依据。出版产业数字化转型政策的评估主要围绕着产业数字化转型的目标，收集相关资料，对政策的效率进行评价的过程。在此过程中，我们需要了解政策评估的本质、影响因素和具体的步骤。

从本质上看，产业政策评估围绕数字化目标，具体涵盖四个环节的内容：一是规范，即通过收集产业政策制定和执行的相关资料，来建立科学的评估标准和程序；二是测度，对收集的信息进行分类整理，建立合理的测度体系；三是分析，利用评估标准，对产业政策执行的结果进行评定；四是评判，就是根据评估的结果对产业政策的调整提出相应的建议。其作用是利用评估标准对产业政策的投入、产出效率进行评价，然后决定政策是否终止或者政策是否改进，从而提高产业政策的科学化、民主化水平，实现产业政策资源的有效配置。

影响产业政策评估的因素有政策评估的目标、明确的评估指标和评估的成本。出版产业政策数字化转型的政策评估，首先要设立产业数字化转型的目标，然后要建立科学的评估指标体系，收集数据进行量化评估，当然过程中也要考虑整体投入的资源，合理设置评估的成本。

产业政策评估过程包括政策评估准备、实施和总结三个步骤。准备的阶段首先是确立评估对象，出版产业的数字化转型政策评估对象是出版产业，对出版产业内涵和外延需要精确定义；然后是制定评估方案，具体包括五个因素即评估主体、评估对象、评估目的、评估标准、评估方法；最后是组织和设备准备，具体包括成立评估机构，选择评估人员，提供相关的物资准备。实施阶段首先是对收集到的产业政策实施信息进行整理，可以采用座谈、问卷等多种调查方法，要求数据是系统的、精细的和准确的；然后对信息进行统计分析，对评估信息进行定性和定量的分析，过程中要运用科学的评估方法。总结阶段主要包含提交总体公共政策评估报告，包括对政策的制定与实施进行总体的评价和对政策的调整提出建议；同时也要对政策评估活动本身作出整体总结。

**五　出版产业政策调整**

产业政策评估之后，应该对公共政策进行适当的调整，对于效果好的政策，需要进一步投入资源支持；对于效果一般的政策，要进一步调整；对于效果差的政策，要及时终止。正如上文所述，出版产业的数字化转型取得了一定的效果，但是随着技术环境的进一步发展，还需要修正，提高后续政策的效果。

产业政策的修正方面，引起政策修正的具体原因有：一是产业政策的制定者或者决策者对于其政策领域的活动正在逐步扩大，出版产业的数字化转型政策由于技术的发展，政策领域在不断拓展与延伸，需要调整，比如如何规范近年来兴起的利用短视频渠道来宣传、销售图书的行为，就是政策新领域，需要及时调整；二是产业政策的某些部分会出现社会负效应，需要及时调整，比如为鼓励出版产业数字化发展，各地建立了很多数字出版产业园，投入了土地、技术、资金等大量资源，给予了金融、税收等多种政策支持，但对一些不合格的产业园要及时淘汰，取消支持政策。

产业政策的终止指一项产业政策已经失去了其功用，出版产业政府管理部门采用强制性手段对其加以取消的行为。具体来说，如果政策的目标已经实现，可以取消；当然政策如果不能解决问题，也要取消并重新进行政策规划。产业政策终止的作用具体体现在节省社会资源与促进政策优化两个方面。

综上所述，数字化转型背景下我国出版产业政策的发展是往政策性质明确、政策内容充实和政策过程科学的方向发展。具体来说，在政策性质方面，出版产业数字化转型应该体现社会效益为首位，鼓励以数字化的技术方式来实现出版产业的社会效益和经济效益的统一；政策内容方面，出版产业政策应该在产业发展政策、产业结构政策、产业组织政策方面进一步完善，为出版产业的数字化转型提供支持；政策过程方面，出版产业政策需要有个完善的过程，应该形成一个科学的政策制定体系。

# 参考文献

一　论文类

蔡尚伟、刘锐：《论新中国文化经济及文化产业政策的演变》，《思想战线》2010 年第 1 期。

蔡尚伟、刘锐：《中国文化及传媒产业政策的演变》，《今传媒》2010 年第 1 期。

蔡一鸣：《资源、技术、制度与经济增长》，《湖北经济学院学报》2009 年第 2 期。

曹译丹、肖斌：《论美国高科技产业政策及其启示》，《现代商贸工业》2010 年第 1 期。

常征：《中国数字内容产业生命周期模型建立与阶段识别》，《北京邮电大学学报》（社会科学版）2012 年第 1 期。

陈佳贵、王钦：《中国产业集群可持续发展与公共政策选择》，《中国工业经济》2005 年第 9 期。

陈洁：《数字出版赢利模式研究报告》，《求索》2009 年第 7 期。

陈洁、王楠：《全媒体出版时代数字版权保护三要义——纵观英国近年版权制度改革》，《中国出版》2016 年第 5 期。

池仁勇、周丹敏：《数字出版产业集聚与其发展能力关系研究——基于区域环境的角度》，《中国出版》2015 年第 18 期。

崔景华、李浩研：《发展电子书产业的公共激励政策分析》，《出版发行研究》2011 年第 3 期。

崔景华、李浩研：《韩日数字出版产业发展现状及扶持政策》，《出版发行研究》2012 年第 10 期。

崔军、张姗姗：《企业所得税优惠政策调整对高新技术产业区的影响及对策》，《税务研究》2009 年第 5 期。

邓大松、欧阳志荣：《刍议出版数字化转型中的制度创新》，《出版发行研究》2014 年第 10 期。

丁韧：《我国内容产业资源整合及发展趋势》，《情报理论与实践》2005 年第 4 期。

段诗韵：《美英德数字出版产业的政策机制及其借鉴意义》，中南大学，2013 年。

樊晓娜、袁野：《韩国文化产业政策及对我国的启示》，《商业文化（学术版）》2010 年第 8 期。

范丽莉、单瑞芳：《我国台湾地区数字内容产业的发展举措及启示》，《情报理论与实践》2006 年第 6 期。

方润生等：《河南省文化产业发展的阶段及其政策特征分析》，《中原工学院学报》2010 年第 6 期。

冯晓青：《产权理论中的财产权、知识产权及其效益价值取向——兼论利益平衡原则功能及其适用》，《湖南大学学报》（社会科学版）2007 年第 4 期。

付志刚：《我国涉外合同法律使用中意思自治原则的价值取向》，《法学杂志》2007 年第 4 期。

甘旭峰：《日韩产业政策经验对中国实施"十大产业振兴规划"的启示》，《亚太经济》2009 年第 5 期。

高薇华：《中国动漫产业政策的实施效果与展望》，《传媒》2008 年第 3 期。

高志凤：《浅议学术期刊的数字出版》，《科技传播》2016 年第 23 期。

耿相新：《中国出版产业政策的转向与展望》，《出版广角》2010 年第 4 期。

宫丽颖、祁迪：《我国中央政府数字出版财税政策探究》，《中央财经大学学报》2015 年第 S1 期。

郭剑、徐晨霞：《我国数字出版产业政策绩效评估研究》，《编辑之友》2017 年第 5 期。

韩永辉、黄亮雄、王贤彬：《产业政策推动地方产业结构升级了吗？——基于发展型地方政府的理论解释与实证检验》，《经济研究》2017 年第 8 期。

何德旭、姚战琪：《中国产业结构调整的效应、优化升级目标和政策措施》，《中国工业经济》2008 年第 5 期。

何芳、胡新宇：《法国数字出版发展启示》，《编辑学刊》2016 年第 7 期。

何枭吟：《美国数字经济研究》，硕士学位论文，吉林大学，2005 年。

侯圣慈、黄孝章：《国家数字出版政策导向探析》，《北京印刷学院学报》2020 年第 3 期。

胡金星：《产业融合的内在机制研究》，硕士学位论文，复旦大学，2007 年。

胡敏：《我国文化产业政策价值取向分析与重构研究》，硕士学位论文，安徽大学，2010 年。

胡再华：《数字内容产业特征、现状和发展策略研究》，硕士学位论文，华中师范大学，2006 年。

黄先蓉：《中外出版业管理政策比较研究》，《出版发行研究》2008 年第 1 期。

黄先蓉，周莹珣：《中外出版业宏观管理体系研究比较》，《新闻前哨，2008 年第 9 期。

纪念改革开放 40 周年系列选题研究中心、王佳宁、盛朝迅：《重点领域改革节点研判：供给侧与需求侧》，《改革》2016 年第 1 期。

贾雷：《经济发展需要技术与制度并重——基于后发优势与后发劣势的视角》，《中国集体经济》2010 年第 19 期。

姜奇平：《信息化对产业结构政策的要求》，《互联网周刊》2010 年第 8 期。

解学芳：《文化产业政策的比较机理研究——以长江三角洲地区为例》，《上海行政学院学报》2008 年第 5 期。

解学芳：《我国文化产业政策的关联性偏差及矫正》，《长春市委党校学报》2008 年第 6 期。

金京植：《少数民族文化出版资源的数字化网络化》，《中国民族》2009 年第 12 期。

金乐琴：《美国的新式产业政策：诠释与启示》，《经济理论与经济管理》2009 年第 5 期。

瞿商：《我国计划经济体制的绩效（1957—1978）——基于投入产出效益比较的分析》，《中国经济史研究》2008 年第 1 期。

赖茂生、叶元龄、闫慧、李璐：《从产业融合看数字内容产业发展——基于广东产业发展的分析》，《情报科学》2009 年第 7 期。

黎文靖、郑曼妮：《实质性创新还是策略性创新？——宏观产业政策对微观企业创新的影响》，《经济研究》2016 年第 4 期。

李果：《国家数字出版基地发展障碍及政策导向趋势》，《北京城市学院学报》2017 年第 5 期。

李婧、李凌汉：《中国数字内容产业发展中存在的问题及政府调控》，《经济研究导刊》2009 年第 4 期。

李淑华：《金融危机以来我国产业政策效果分析》，《中国科技投资》2010 年第 3 期。

李彤、游登贵、吴江文：《京津沪渝数字出版投融资政策比较研究》，《重庆工商大学学报》（社会科学版）2015 年第 4 期。

李晓华：《“十四五”时期数字经济发展趋势、问题与政策建议》，《人民论坛》2021 年第 1 期。

李晓华、王怡帆：《未来产业的演化机制与产业政策选择》，《改革》2021 年第 2 期。

李晓青、杨京钟：《基于新兴出版业态培育的财税激励政策研究》，《出版发行研究》2016 年第 10 期。

李晓青、杨京钟：《基于新兴出版业态培育的财税激励政策研究》，《出版发行研究》2016 年第 10 期。

李晓西：《中国市场化进程脉络：以计划经济和市场经济为边界》，《改革》2009 年第 12 期。

李媛恒、石凌雁：《黑龙江省高技术产业政策演进与效力评价研究》，《中国物价》2021 年第 1 期。

凌金铸：《文化产业政策创新的实践与体系》，《南京邮电大学学报》（社会科学版）2008 年第 1 期。

刘道学、池仁勇：《日本出版产业数字化跃升与政策耦合关系分析》，《中国出版》2017 年第 10 期。

刘菡、赵礼寿：《刍议改革开放以来我国出版产业技术政策》，《科技与出版》2016 年第 2 期。

刘洪昌：《中国战略性新兴产业的选择原则及培育政策取向研究》，《科学与科学技术管理》2011 年第 3 期。

刘江红、朱敏：《金融危机背景下的文化产业政策解读》，《现代传播》2009 年第 5 期。

刘平宇：《制度变迁对民营企业技术创新的影响研究》，《生产力研究》2010 年第 9 期。

刘淑春：《中国数字经济高质量发展的靶向路径与政策供给》，《经济学家》2019 年第 6 期。

刘彦武：《当前我国文化政策设计中的不足和完善》，《中华文化论坛》2009 年第 4 期。

刘卓军、周城雄：《中国数字内容产业的创新模式分析》，《中国软科学》2007 年第 6 期。

柳斌杰：《加快传统出版与数字出版的融合发展》，《现代出版》2011 年第 4 期。

娄孝钦：《十六大以来我国文化产业政策研究现状与缺失》，《学术论坛》2010 年第 5 期。

娄孝钦：《我国文化产业政策研究现状与存在的问题》，《成都行政学院学报》2010 年第 2 期。

陆维仪：《我国数字出版产业政策理论研究回顾与展望——基于文献计量的分析》，《出版发行研究》2018 年第 12 期。

吕强龙：《冲突与整合—中国数字出版产业链研究》，硕士学位论文，复旦大学，2013 年。

罗靓：《发展文化产业与金融支持》，《农村金融研究》2008 年第 5 期。

马冉：《加拿大的文化产业政策措施评析》，《辽宁行政学院学报》2009 年第 11 期。

孟春：《数字出版行业的政府角色定位建议》，《内蒙古教育》2016 年第 33 期。

缪宏才：《国家出版产业政策和后转企时代的大学出版》，《出版广角》2010 年第 4 期。

裴雷：《日本数字内容产业的发展》，《软件导刊》2007 年第 23 期。

齐勇锋：《关于文化产业在应对金融危机中地位和作用的探讨》，《东岳论丛》2009 年第 9 期。

钱正武、杨吉华：《我国文化产业政策的制定及其实施》，《安徽师范大学学报》（人文社会科学版）2007 年第 1 期。

秦石美：《日本出版产业输出政策研究——以文化输出中的政府角色为中心》，《出版发行研究》2020 年第 2 期。

任保平、豆渊博：《"十四五"时期新经济推进我国产业结构升级的路径与政策》，《经济与管理评论》2021 年第 1 期。

任锦鸾、吕永波、郭晓林：《提高我国创新政策水平的综合思考》，《科技进步与对策》2007 年第 2 期。

宋凌云、王贤彬：《重点产业政策、资源重置与产业生产率》，《管理世界》2013 年第 12 期。

宋艳波：《促进我国新闻出版业发展的财税政策研究》，《财政部财政科学研究所》2014 年第 12 期。

孙寿山：《融合发展目标下数字出版产业发展新要求》，《出版参考》2015 年第 10 期。

孙彦红：《欧盟信息通讯技术产业政策述评》，《欧洲研究》2008 年第 6 期。

唐荣、黄抒田：《产业政策、资源配置与制造业升级：基于价值链的视角》，《经济学家》2021 年第 1 期。

汪礼俊：《数字内容产业——英国经济新引擎》，《通信企业管理》2008 年第 6 期。

王斌、蔡宏波：《数字内容产业的内涵、界定及其国际比较》，《财贸经济》2010 年第 2 期。

王关义、胥力伟：《推动传统出版与新兴出版融合发展的财税政策研究》，《中国出版》2015 年第 17 期。

王克敏、刘静、李晓溪：《产业政策、政府支持与公司投资效率研究》，《管理世界》2017 年第 3 期。

王楠：《欧盟国家图书、报纸、期刊增值税税率情况与我国之比较》，《中国出版》2009 年第 4 期。

王启超：《中日动漫产业政策比较分析》，《声屏世界》2009 年第 9 期。

王清：《欧洲出版商最新欧盟出版政策诉求述评》，《出版发行研究》2009 年第 10 期。

王清政：《文化产业发展中政府主导作用探究》，硕士学位论文，郑州大学，2010 年。

王炎龙：《出版产业政策演变轨迹与逻辑》，《编辑之友》2018 年第 7 期。

王垚：《数字出版生态体系的构成与完善——2018 年我国数字出版盘点》，《出版广角》2019 年第 3 期。

王怡：《从传统出版到数字出版的产业政策研究》，硕士学位论文，云南大学，2018 年。

王影航：《创新激励视阈下出版产业税收立法的完善》，《中国出版》
2016 年第 24 期。

王勇：《"十四五"时期中国产业升级的新机遇与新挑战：新结构经济
学的视角》，《国际经济评论》2021 年第 1 期。

王勇、汤学敏：《结构转型与产业升级的新结构经济学研究：定量事实
与理论进展》，《经济评论》2021 年第 1 期。

吴江文：《我国数字出版产业政策内涵与体系》，《科技与出版》2016
年第 9 期。

向杜春：《论我国出版政策法规的可操作性》，《知识经济》2009 年第
8 期。

肖江涛、丁德昌：《论我国数字出版企业的版权保护机制构建》，《出版
广角》2018 年第 24 期。

胥力伟：《加快数字出版产业发展的财税政策研究》，《科技与出版》
2016 年第 11 期。

徐畅、贾玉文：《从数字时代国外出版业现状看我国工具书出版的发展
方向》，《图书馆学刊》2016 年第 9 期。

徐新桥：《信息技术与体制变革——从电力工业的发展看信息技术对体
制变革的促进》，《经济管理》2007 年第 6 期。

徐雪源：《我国发展数字内容产业存在的问题及对策》，《科技情报开发
与经济》2006 年第 4 期。

徐雅金：《论税收政策视阈下的新闻出版产业激励》，《西部广播电视》
2015 年第 23 期。

许波：《大数据时代数字出版的困境与对策研究》，《出版广角》2017
年第 4 期。

闫世刚：《数字内容产业国际发展模式比较及借鉴》，《技术经济与管理
研究》2011 年第 1 期。

杨慧娟：《传统出版向数字出版的转型及创新研究》，硕士学位论文，

郑州大学，2013 年。

杨吉华：《完善我国文化产业政策的几点思考》，《黄山学院学报》2007
年第 2 期。

杨柳：《日美产业政策比较及对我国的启示》，《知识经济》2010 年第
10 期。

杨明亮：《我国文化产业发展政策研究——以美国文化产业发展为比
较》，《法制与社会》2008 年第 27 期。

杨世春：《基于企业技术标准战略的发展高新技术产业政策研究》，《中
国标准化》2006 年第 11 期。

杨勇华：《基于演化范式的技术与制度关系探要》，《广州大学学报》
（社会科学版）2009 年第 11 期。

杨紫烜：《对产业政策和产业法的若干理论问题的认识》，《法学》2010
年第 9 期。

姚德文：《以竞争为导向的新产业政策构建探析》，《理论界》2010 年
第 7 期。

殷悦佳：《对我国数字出版产业基地政策方面的探究与建议》，《财经界
（学术版）》2014 年第 6 期。

尹宏、姚毅、王伟：《文化产业发展路径探析——基于文化和科技融合
视域下》，《当代经济》2013 年第 13 期。

于祥：《试论产业政策法》，《金卡工程（经济与法）》2010 年第 9 期。

余明桂、范蕊、钟慧洁：《中国产业政策与企业技术创新》，《中国工业
经济》2016 年第 12 期。

余树华：《论生态型出版机制的构成》，《中国出版》2013 年第 3 期。

袁明旭：《民族地区文化产业政策选择的理论分析》，《经济问题探索》
2008 年第 2 期。

岳彩申、王力理：《产业政策实施中的民主评估机制》，《法学》2010
年第 9 期。

曾翠红、阮文彪：《基于新制度经济学视角的中国技术创新能力研究》，

《产业与科技论坛》2010 年第 7 期。

张倍奇:《十年来我国文化产业政策变迁研究（1997—2007）》，硕士学位论文，上海交通大学，2009 年。

张晗:《文化科技融合背景下的中国出版产业数字化转型研究》，硕士学位论文，武汉大学，2013 年。

张晗:《文化科技融合创新下的美国数字出版业》，《新闻界》2013 年第 20 期。

张会恒:《论产业生命周期理论》，《财贸研究》2004 年第 6 期。

张佳颖:《韩国文化对外传播策略研究——以出版产业输出政策为视角》，《出版发行研究》2018 年第 12 期。

张建伟:《通货与其管理与货币政策目标：一个法律金融学的分析视角》，《法学杂志》2010 年第 9 期。

张静:《我国科技出版产业政策研究》，《科技情报开发与经济》2008 年第 7 期。

张隽:《探析韩国文化产业的发展战略及启示》，《当代韩国》2009 年第 2 期。

张立:《数字出版的若干问题讨论》，《出版发行研究》2005 年第 7 期。

张美娟、黄靖、李孟:《壮丽 70 年：中国出版经济体制改革及其政策研究》，《出版科学》2019 年第 6 期。

张平:《区域产业结构政策的协调经济》2007 年第 8 期。

张榕:《北京数字出版业发展：现状问题与对策》，硕士学位论文，北京印刷学院，2012 年。

张旭、伍海华:《论产业结构调整中的金融因素——机制、模式与政策选择》，《当代财经》2002 年第 1 期。

赵伯祥:《国外反垄断与竞争政策的演进及对我国的启示》，《未来与发展》2007 年第 8 期。

赵红梅:《企业技术、制度和管理创新的基础及其关系》，《经济问题》2006 年第 7 期。

赵宏榜、李建新：《数字技术对科技期刊出版的影响及发展对策》，《中国科技期刊研究》2011 年第 9 期。

赵洪斌、盛梅、于文涛：《出版产业研究述评》，《现代传播》2010 年第 1 期。

赵鸿颇：《河北省文化产业发展对策研究》，硕士学位论文，天津大学，2009 年。

赵嘉辉：《我国产业政策的理论模型与现实考察》，《统计与决策》2010 年第 11 期。

赵礼寿：《数字背景下出版产业转型升级的政策调整研究——以国有企业出版政策为例》，《科教导刊（下旬）》2017 年第 10 期。

赵礼寿：《数字化转型背景下的我国出版产业政策制定过程分析》，《科教导刊（上旬刊）》2017 年第 10 期。

郑爱玲：《传统出版社数字出版现状与发展策略》，《科技与出版》2013 年第 5 期。

郑凌峰：《国家数字出版基地政策工具选择研究》，硕士学位论文，厦门大学，2014 年。

周格非、周庆山：《我国数字内容产业政策的内容分析与完善策略》，《图书情报工作》2014 年第 10 期。

周鸿升，郭保香等：《中美核桃发展历程及产业政策对比研究》，《林业经济》2010 年第 3 期。

周景敏：《数字出版视野下图书市场准入规制变革路径探析——以民营资本准入为中心》，《商报》2014 年第 24 期。

周澍、黄俊尧、毛丹：《国内数字出版产业研究的检视与反思》，《浙江社会科学》2013 年第 3 期。

周艳敏：《国外数字出版产业政策比较研究》，《出版发行研究》2014 年第 11 期。

周艳敏：《我国数字出版产业政策法规回顾与展望》，《中国出版》2013 年第 21 期。

周玥：《我国各省级政府数字出版政策比较研究》，硕士学位论文，北京印刷学院，2017 年。

周正兵：《我国出版产业政策演变及其趋势——兼及对出版产业"十二五"规划的建议》，《中国出版》2010 年第 21 期。

朱国辉、王欣欣：《我国七年（2002—2009）来文化产业政策现状与问题浅析》，《四川省干部函授学院学报》2010 年第 1 期。

朱雪宁、刘兰华：《中韩两国信息资源产业政策比较》，《行政与法》2010 年第 5 期。


二　著作类

楚尔鸣、李勇辉：《高新技术产业经济学》，中国经济出版社 2005 年版。

崔洪铭：《我国数字出版产业政策优化发展研究》，世界图书出版公司 2016 年版。

《当代中国》丛书编辑委员会：《当代中国的出版事业（上）》，当代中国出版社 1993 年版。

方厚枢、魏玉山：《中国出版通史·中华人民共和国卷》，中国书籍出版社 2008 年版。

郝振省：《2004—2005 中国出版业发展报告》，中国书籍出版社 2005 年版。

郝振省：《2005—2006 中国数字出版产业年度报告》，中国书籍出版社 2007 年版。

郝振省：《中国新闻出版业改革开放 30 年》，人民出版社 2005 年版。

欣洁：《中国数字出版产业政策研究》，中国传媒大学出版社 2016 年版。

姜昕、杨临宏：《产业政策法》，中国社会科学出版社 2008 年版。

李庆本、吴慧勇：《欧盟各国文化产业政策咨询报告》，大象出版社 2008 年版。

李晓西：《中国经济改革 30 年：市场化进程卷（1978—2008）》，重庆大学出版社 2008 年版。

林水波、张世贤：《公共政策》，五南图书出版股份有限公司 2006 年版。

刘杲、石峰：《新中国出版五十年纪事》，新华出版社 1999 年版。

柳斌杰等：《中国出版业变革三十年》，人民出版社 2009 年版。

陆地：《中国电视产业发展战略研究》，新华出版社 1999 年版。

骆品亮：《产业组织学》，复旦大学出版社 2006 年版。

阮光珍：《高技术产业集聚研究》，科学出版社 2017 年版。

盛洪：《中国的过渡经济学》，上海三联书店、上海人民出版社 2006 年版。

史修松：《高技术产业积聚与演化：基于空间图谱的研究》，经济科学出版社 2014 年版。

孙那：《中美数字内容产业版权政策与法律制度比较》，知识产权出版社 2020 年版。

吴江江、石峰：《中国出版业的发展与经济政策研究》，湖北人民出版社 1994 年版。

吴敬琏：《当代中国经济改革教程》，上海远东出版社 2010 年版。

武常岐：《国家高新技术产业开发区政策与管理》，科学出版社 2020 年版。

新闻出版总署图书出版管理司：《中国图书出版产业报告（2005—2006）》，中国人民大学出版社 2008 年版。

杨胜伟、燕汉生：《法国图书出版业》，中国书籍出版社 1993 年版。

叶朗：《中国文化产业年度发展报告（2009）》，金城出版社 2009 年版。

郑士德：《中国图书出版发行史（增订本）》，中国时代经济出版社 2009 年版。

［韩］吴锡泓、金荣坪编：《政策学的主要理论》，金东日译，复旦大学出版社 2005 年版。

［美］迈克尔·波特:《国家竞争优势》,李明轩、邱如美译,华夏出版社2006年版。

［美］迈克尔·波特:《竞争论》,中信出版社2003年版。

［美］迈克尔·波特:《竞争战略》,陈小悦译,华夏出版社2005年版。

［美］威廉·M. 邓恩:《公共政策分析导论》,谢明译,中国人民大学出版社2010年版。

［美］小约瑟夫·斯图尔特、戴维·M. 赫奇、詹姆斯·P. 莱特斯:《公共政策导论》,韩红译,中国人民大学出版社2011年版。

［英］保罗·理查森:《英国出版业》,袁方译,世界图书出版公司2006年版。

Burton, Carrol and Wall, *Quantitative Methods for Business and Economica*, Addison Wesley Longman Limited, 1999.

James Anderson, *Public Policymaking: An Introduction*, Houghton Mifflin, 1990. J. J. Laffont and J. Tirole, *A Theory of Incentives in Regulation and Procurement*, MIT Press, 1993.

J. J. Laffont and J. Tirole, *Competition in Telecommunications*, MIT Press, 2000.

M. Armstrong, S. Cowan and J. Vickers, *Regulatory Reform—Economic Analysis and British Experience*, MIT Press, 1994.

Michael Howlett and M. Ramesh, *Studing Public Policy: Policy Cycles and Policy Subsystems*, Oxford University Press, 1998.

Robert T. , "Clemen and Terence Reilly", *Making Hard Decision with Decision Tools*, Duxbury Press, 2003.

Thomas R. Dye, *Understanding Public Policy*, 10th ed. , Prentice Hall, 2002.